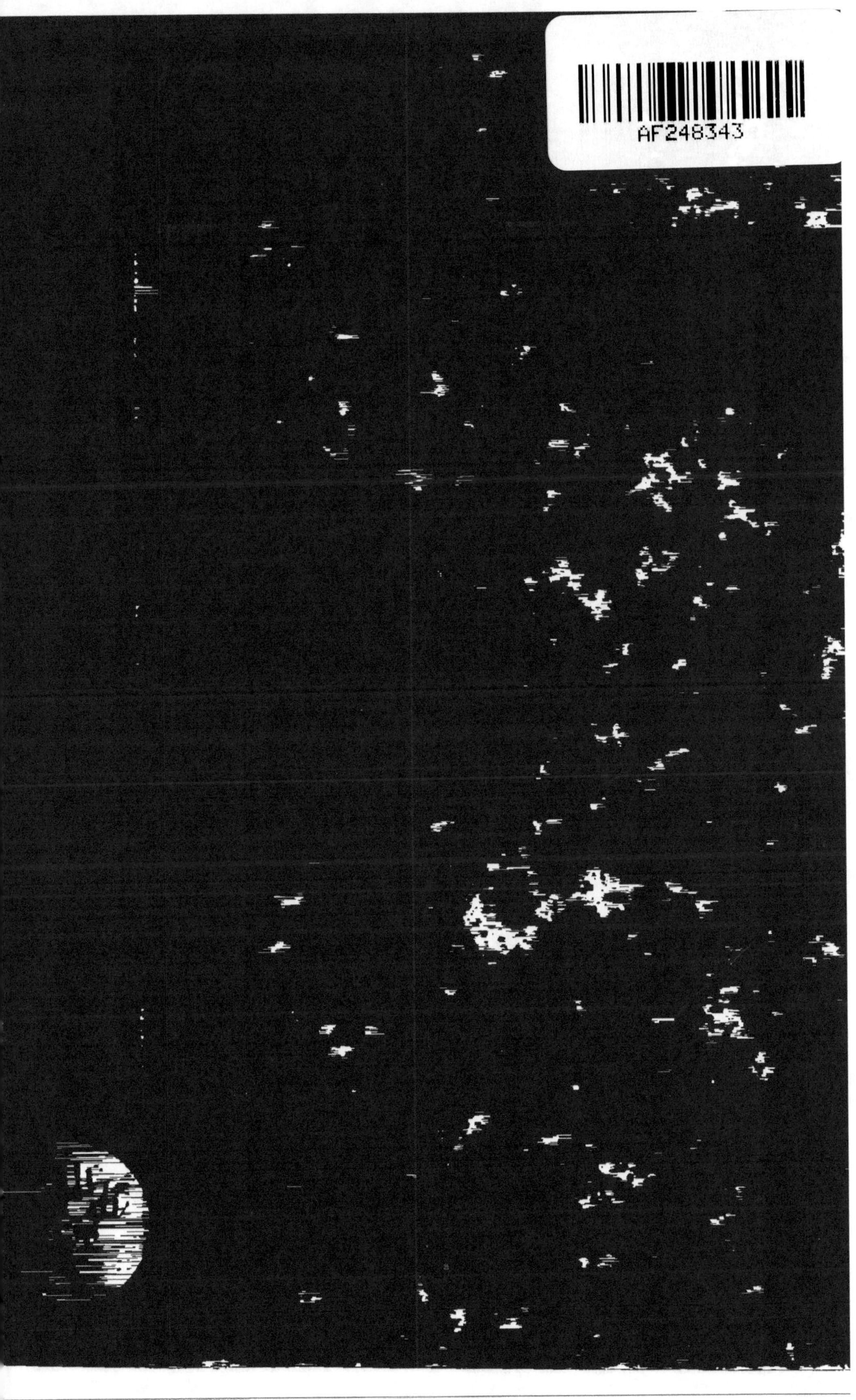

DEUXIÈME MÉMOIRE

ADRESSÉ

AU GOUVERNEMENT DE S. M. L'EMPEREUR NAPOLÉON III

SUR L'EXPÉDITION DE CRIMÉE

ET LA CONDUITE DE LA GUERRE D'ORIENT

PAR

UN OFFICIER GÉNÉRAL.

———⋯⋯———

POUR L'ALLEMAGNE, LA SUISSE ET LE PIÉMONT:

LIBRAIRIE ÉTRANGÈRE DE LAUFFER ET Cᵉ,

A GENÈVE.

MAI 1855

I.

Quelques explications.

Le 22 février dernier, le *Moniteur français* publiait la note suivante :

« Le gouvernement français vient de provoquer, devant les tribunaux belges, des poursuites contre une brochure publiée récemment à Bruxelles, et intitulée :

« *De la conduite de la guerre d'Orient; Expédition de Crimée; Mémoire adressé au Gouvernement de S. M. l'empereur Napoléon III, par un officier-général.*

» Nous n'avons pas besoin d'affirmer que ce Mémoire n'a pas été adressé au gouvernement de l'empereur.

» Cet écrit, qui tend à calomnier les chefs de notre armée, à exagérer nos difficultés et nos pertes, à donner confiance à nos ennemis, n'est qu'un pamphlet publié dans un intérêt russe, et mensongèrement attribué à un officier français. »

Cette note émanait du cabinet de Sa Majesté; elle provenait d'un mouvement prime-sautier, auquel avait manqué la réflexion; les mots de *pamphlet dans un intérêt russe*, appliqués à notre premier travail, le prouvent surabondamment.

Le 5 avril, une seconde note paraissait au *Moniteur ;* en voici le texte :

« A la demande du prince Napoléon, et conformément aux instructions du gouvernement de l'empereur, M. le ministre de France a déposé, le 22 du mois dernier, entre les mains de M. le ministre des affaires étrangères de Belgique, une plainte officielle contre l'éditeur du pamphlet publié à Bruxelles sur l'expédition de Crimée, et calomnieusement intitulé : *Mémoire adressé au Gouvernement de S. M. l'empereur Napoléon III, par un officier général.*

« Cette plainte a été immédiatement transmise à l'autorité judiciaire. »

Cette seconde note avait la même origine que la première ; seulement, elle annonçait un revirement dans l'esprit de celui qui les avait toutes deux rédigées. On s'était aperçu un peu tardivement qu'on s'était placé d'abord sur un mauvais terrain, et l'on faisait intervenir la personne même de S. A. I. le prince Napoléon Bonaparte, comme une sorte de sanction du désaveu de la brochure et des poursuites qu'on voulait faire diriger contre son titre.

En examinant ce titre, le parquet de Bruxelles dut éprouver un sérieux embarras, de même qu'en prenant connaissance du contenu de la brochure, il avait dû être fort étonné des intentions manifestées par le gouvernement français.

Si nous sommes bien informés, la législation belge n'ouvrait aucune porte à l'introduction de la plainte annoncée un peu précipitamment par le *Moniteur.* Il existe dans ce pays une loi politique, protectrice des souverains étrangers. Mais ni l'empereur des Français, ni aucun membre de sa famille, n'avaient été l'objet d'imputations outrageantes et calomnieuses.

D'un autre côté, le titre de la brochure ne fournissait pas matière à poursuite; l'officier-général n'avait même pas pris la qualité de Français. Quant au défaut d'envoi du Mémoire au gouvernement de S. M. I., il ne constituait pas un délit ; la poursuite, de ce chef, n'était pas possible. Le Mémoire, effectivement, n'avait pas été envoyé par la poste à jour fixe, et préalablement à S. M. ou à ses ministres. Mais tout le monde sait qu'un mémoire s'adresse fréquemment dans cette forme, c'est-à-dire par la voie naturelle de la publicité, à un gouvernement, à un ministère, à un corps législatif ou à une académie. En vérité, ce grief du *Moniteur* était peu sérieux.

Dans l'intervalle des publications faites par l'organe officiel, les feuilles belges, allemandes, anglaises, ont parlé de notre travail; les unes l'ont vivement attaqué, les autres l'ont vivement soutenu. Nous nous en sommes fort peu préoccupés; nous savions que le Mémoire produirait un grand effet, et nous nous étions d'avance armés d'indifférence contre la critique et mis en garde contre l'éloge. Nous voulions dire la vérité sans réticence, sans réserve. Ceux qui nous ont soutenus et qui ont propagé notre œuvre, n'ont fait que rendre hommage à la vérité ; c'est une bonne action. Ceux qui nous ont injuriés et qui ont dénigré notre œuvre, ont agi sans sincérité ou avec l'aveuglement qui pèse encore sur quelques esprits ; nous ne pouvons que les plaindre.

Il nous reste à faire une seule observation à l'adresse du *Times* et du *Post*, feuilles influentes en Angleterre : Nous leur dénions formellement le droit de critiquer une œuvre dont l'appréciation exige un jugement calme et impartial. Ces deux organes de publicité sont au service d'une longue et déplorable illusion, aussi fatale à l'Angleterre qu'à la solution même de la question d'Orient. Mais il ne nous convient pas d'entrer en polémique avec eux, et nous leur abandonnons de bonne grâce le bénéfice des critiques amères et parfois injurieuses auxquelles ils ont eu recours.

Enfin, le 12 avril, le *Moniteur* contenait une troisième note dont voici la teneur :

«Nous avons annoncé que M. le ministre de France à Bruxelles avait déposé une plainte contre l'éditeur d'un pamphlet, publié dans cette ville, sur l'expédition de Crimée. Il ne pouvait convenir au gouvernement de l'empereur de livrer à la discussion, dans un pays étranger, les plans de campagne et les opérations militaires des armées alliées. La plainte remise au gouvernement belge ne concernait donc que le titre de la brochure, rédigé de façon à donner le change à l'opinion publique, et à offrir un appât au scandale, en laissant supposer qu'un officier-général français, ou, comme l'ont insinué des journaux étrangers, S. A. I. le prince Napoléon, avait eu quelque part à cette publication.

« M. le ministre des affaires étrangères de Belgique a répondu, le 7 avril, à **M.** le ministre de France, que de l'avis motivé de **M.** le procureur-général près la Cour d'Appel de Bruxelles, il était impossible, aux termes des lois existantes, d'entamer des poursuites qui répondissent au seul but du gouvernement de l'empereur, c'est-à-dire d'obtenir un arrêt ordonnant la suppression d'un titre, qui sous des mots calculés assez adroitement pour échapper à une accusation judiciaire, cache une spéculation effrontée. Il restera, des démarches prescrites à l'envoyé de Sa Majesté Impériale à Bruxelles, un désaveu formel et direct des imputations que la presse étrangère a répandues, et un avertissement donné à tous ceux dont elle aurait surpris la crédulité. »

Les poursuites annoncées contre l'éditeur étaient donc abandonnées, sur les observations contenues dans la dépêche du 7 avril, du ministre des affaires étrangères de Belgique. Le gouvernement français avait d'ailleurs atteint à peu près son but ; ses démarches avaient fait connaître à tous ceux dont la crédulité aurait pu être surprise, qu'aucun officier-général, et le prince Napoléon moins que personne, n'avaient eu la moindre part à cette publication. C'était une satisfaction qu'il se donnait à lui-même.

Certes, nous n'eussions point pris la plume pour rectifier ce que les notes du *Moniteur* avaient d'inexact dans les termes, d'erroné dans les faits ; nous eussions de grand cœur laissé mourir cette affaire, qui a causé des embarras, fait naître des soupçons et compromis quelques personnes qui nous sont chères, mais sur le compte desquelles l'empereur est revenu bien vite, avec autant d'empressement qu'il avait mis de promptitude à s'inquiéter de leur prétendue coopération. Nous n'avions pas voulu faire de bruit, ni provoquer de scandale ; nous voulions éclairer la situation, que cachait soigneusement un voile épais ; nous voulions dessiller des yeux qui persistaient à se fermer à la lumière. C'était le seul moyen qui nous restât. Nous avons réussi dans notre entreprise, et si le gouvernement de **S. M.** est aujourd'hui satisfait du résultat de ses démarches, nous sommes, nous, pleinement satisfaits de l'effet de notre publication.

Le silence devenait donc pour nous un devoir facile à remplir ; nous éprouvions une sérieuse répugnance à donner la réplique aux insinuations comme aux imputations du *Moniteur*. Il ne nous convenait pas d'entrer en lutte avec un journal, qui, par une habile confusion, appliquait à notre œuvre les mots de *spéculation effrontée*, lorsqu'il savait parfaitement, au moyen de ses agents à Londres, à Berlin, à Leipzig, à Dresde, à Genève et à Turin, que la spéculation était le fait de divers éditeurs avec qui nous n'avons rien de commun.

Mais, le 14 avril, le gouvernement français, moins satisfait peut-être qu'il ne le disait du résultat de ses démarches, crut devoir prendre officiellement la parole et nous faire une longue et minutieuse réponse, dont l'incontestable mérite n'a pu nous laisser indifférents. Cette réponse portait en titre : *Expédition d'Orient;* elle était exclusivement consacrée aux opérations militaires.

Le 16 avril, le gouvernement français complétait sa réponse par un savant travail politique, d'un mérite non moins incontestable et qui nous décidait à reprendre la plume, non pas, comme l'insinuera sans doute le *Moniteur*, pour faire du scandale, non pas pour fournir à des éditeurs saxons, prussiens et anglais, l'occasion d'une *spéculation effrontée*, mais pour rétablir les faits mal interprétés, donner le véritable sens des événements qui agitent l'Europe et tiennent en suspens, pour ainsi dire, la respiration du monde.

II.

Les articles du Moniteur.

Nous n'avons pas besoin de dire que le travail militaire et politique qui a paru au *Moniteur* émane de l'empereur lui-même. Sa main s'y reconnaît facilement ; les formes de son esprit s'y reflètent ; sa pensée intime s'en échappe à chaque ligne ; sa politique s'y accuse avec vigueur à chaque proposition.

Tout en cherchant à nous confondre dans la partie militaire de son œuvre, nous constatons tout d'abord que l'empereur a bien voulu justifier presque toutes nos critiques, et généralement nous donner raison. Il lui était difficile, après l'immense adhésion que l'opinion libérale ou occidentale en Europe nous avait donnée, de méconnaître la justesse de notre point de vue. L'empereur se fût heurté à la raison universelle, il se fût brisé contre l'évidence. L'un de

ses mérites est de savoir s'assouplir à l'opinion générale, une fois qu'elle est bien constatée ; l'absolutisme de son esprit fléchit de lui-même devant la
force des choses se manifestant avec éclat. Il a donc
fait bon marché, tout d'abord, du plan de campagne dont on était convenu à Varna, et qui avait
été définitivement arrêté au mouillage de l'île des
Serpents.

Ce plan de campagne, en effet, ne soutient pas
l'examen, et l'empereur en a fait une critique que
nous ne désavouerions pas. Il a été plus loin que
nous n'étions allés nous-mêmes, et son article a assi-
gné un caractère purement défensif aux opérations
qui ont suivi la bataille d'Alma ; il a avoué que nous
avions agi, depuis le 21 septembre, sous l'empire de
l'instinct de conservation, et que notre marche circulaire autour de la place, par Inkermann et Makenzie, avait été nécessitée par le besoin de trouver une
base d'opérations qui nous manquait, et l'appui des
escadres dont nous ne pouvions rester longtemps
privés.

Ce n'est point le seul aveu que renferme la critique officielle du plan de campagne, dont les défec-
tuosités seraient trop longues à enregistrer. L'empereur convient également que nos forces étaient insuffisantes ; le prince Menschikoff en a profité pour
opérer le mouvement stratégique qui lui donnait la
route de Sébastopol à Simféropol, et laissait libres
pour toujours les communications de la place assié-
gée avec le reste du pays. Si nos forces étaient si
notoirement insuffisantes, comment a-t-on persisté,

malgré des conseils réitérés, malgré des *avis timides*, sans doute, mais excellents en eux-mêmes, comment a-t-on persisté dans une entreprise sans issue, et surtout, comment a-t-on affronté une campagne d'hiver qui nous a valu tant de désastres?

Nous avons déjà dit le motif de cette persistance ; après le bombardement inutile, par mer et par terre, des 17 et 18 octobre, les commandants en chef étaient disposés à la retraite ; mais les gouvernements n'y ont pas consenti ; ils ont redouté l'effet que cette mesure, toute de sûreté et de prudence, produirait sur l'opinion publique. Qu'est-ce que l'opinion publique avait à voir dans des opérations stratégiques, où son incompétence n'est pas douteuse? A ce motif, il faut en ajouter un autre ; puisque nous avons pris la résolution de dire toute la vérité, nous devons en avoir le courage, dussions-nous encourir une seconde fois la défaveur de S. M.

Le second motif, c'est que l'empereur, en dépit des assertions du *Moniteur officiel*, était réellement l'auteur du plan de campagne, dans sa conception et dans son exécution. Sa paternité n'est point contestable, et, au démenti du *Moniteur*, nous opposons itérativement une affirmation positive et solennelle. A chacun sa part de responsabilité devant la France et devant l'histoire. On a cherché à perdre certains hommes, à ridiculiser certains noms qui s'étaient associés avec répugnance à cette déplorable aventure, après l'avoir repoussée avec vigueur et d'une manière absolue, en principe et en fait. Eh bien, il est de toute justice d'ajouter à ces noms celui auquel remonte la responsabilité réelle des événements de Crimée ; c'est une juxtaposition dont on n'a pas le droit de se plaindre, l'empereur moins que tout autre. Ceux qui auraient le droit de se plaindre, même avec amertume, s'en abstiennent pour le moment.

Oui, il est vrai que l'empereur a indiqué aussi le plan qui consistait à débarquer à Caffa et à marcher vers le centre de la province, dans la direction de Sébastopol, après que nous aurions battu les Russes et occupé Simféropol. Mais ce n'est point le seul plan qu'il ait étudié et envoyé au maréchal de Saint-Arnaud. Le débarquement à Eupatoria et la marche du nord au sud que nous avons accomplie si péniblement, lui appartiennent en propre. Le maréchal avait le choix entre la descente à Caffa et la descente à Eupatoria ; nous ajoutons que l'empereur recommandait le débarquement sur ce dernier point et qu'il ne plaçait qu'en seconde ligne l'autre plan, d'une exécution plus chanceuse et plus difficile.

A Varna, il fut un instant question de déboucher en Crimée par le district de Kertsh ; mais aucune discussion sérieuse ne s'engagea à cet égard ; le Conseil eut rejeté cette idée à l'unanimité.

Il existe des secrets entre l'empereur et la tombe du maréchal de Saint-Arnaud ; les instructions envoyées des Tuileries et de Biarritz sont un de ces secrets. Si le maréchal vivait aujourd'hui, l'article défensif du *Moniteur* n'eût pu paraître, et la responsabilité fût restée à juste titre sur la tête de celui qui l'a encourue.

La reconnaissance faite par le *Furious* au cap

Chersonèse, dans le mois d'août, à défaut d'autre preuve, en serait une des plus convaincantes. Qu'on interroge les officiers supérieurs, anglais et français, qui ont fait cette reconnaissance : ils répondront qu'ils avaient seulement mission d'inspecter la côte depuis Old-Fort jusqu'à Balaclava. D'ailleurs, la liberté de discussion existe en Angleterre ; lord Raglan et ses officiers peuvent facilement mettre en lumière la vérité et contre dire nos assertions, si elles ne sont pas exactes, sur le débarquement à Caffa.

Consacrons quelques lignes à ce dernier plan, ressuscité à point pour désavouer celui qui a prévalu à Varna, et qu'on lui trouvait cependant si supérieur au mois d'août, puisqu'on le mettait en première ligne et qu'on le recommandait expressément au maréchal.

Nous supposons Caffa occupé sans coup férir, la garnison russe repoussée, les 10 mille hommes du général Khomutoff battus, dispersés. Nous sommes installés dans le district de Kertsh ; nous appuyons à gauche avec 60 mille hommes, et nous nous dirigeons à travers un pays boisé, montagneux, difficile, vers Simféropol, capitale de la province. Nous nous éloignons de notre base d'opérations, nous renonçons à l'appui des escadres qui nous ont efficacement servis à l'Alma, et nous pénétrons au cœur de la province, *oubliant*, comme le rappelle le *Moniteur*, *que notre base d'opérations, c'est la mer ; que la perdre, c'est tout aventurer, tout compromettre* (expressions textuelles de l'article). Nous n'avons à notre disposition ni moyens de transports suffisants, ni cavalerie imposante, ni parc de réserve et de siége, ni grand parc organisé. C'est dans ces conditions d'insuffisance, on pourrait dire de dénuement, que nous nous avançons à la rencontre des Russes, dont nous ignorons les forces, dans un pays inconnu, dont nous ne connaissons pas les ressources, harcelés par la cavalerie ennemie sur nos flancs et par les cosaques de Khomutoff sur nos derrières, menacés sur notre droite par les sotnias, qui, depuis cette époque, n'ont cessé d'arriver dans la Péninsule par la grande chaussée d'Arabat, entre la mer d'Azoff et la mer Putride. Si une défaite intervient, c'en est fait des troupes alliées, car nous avons 28 lieues de retraite à parcourir depuis Simféropol jusqu'à Théodosie ou Caffa ; si nous remportons un avantage, quel profit en pouvons-nous tirer, à la distance où nous sommes de la mer ? Et nos dépôts de vivres et de munitions, où les eussions-nous placés ? Toujours à Caffa. Or, si les troupes ont tant souffert sous ce dernier rapport sur le plateau de Chersonèse, c'est-à-dire en vue même des flottes combinées, que n'auraient-elles pas eu à souffrir à 25 ou 30 lieues du point de débarquement ?

Ce plan, quand on l'examine de près, n'est pas sérieux ; on ne voit pas où il peut aboutir. On en aperçoit toutes les chances défavorables ; on n'y trouve aucun avantage.

L'empereur a admis une bien autre hypothèse : celle d'une grande bataille perdue, non pas en deçà de Simféropol, mais au-delà, vers Batchiseraï. La bataille perdue, dit-il, *on se retire en bon ordre sur*

Caffa, et rien n'est compromis. Nous livrons cette hypothèse au jugement impartial de tous les militaires de l'Europe ; ils en feront justice.

Non, ce plan n'était que secondaire, vaguement indiqué, mal défini. Le véritable plan de l'empereur, c'est celui que nous avons exécuté ; c'est la marche du nord au sud par Eupatoria ou Old-Fort ; c'est le coup de main sur Sébastopol par les hauteurs du nord ; c'est l'aventure qui portait pour enseigne ces paroles mémorables : *Nous ne savons au juste ce que tout cela vaut;* ou bien : *Nous allons savoir au juste ce que tout cela vaut.*

III.

Le Danube.

Si les notions militaires les plus élémentaires démontrent que l'invasion de la Crimée, par un débarquement à Caffa, n'avait aucune chance de succès, les événements ont démontré d'autre part que l'invasion par Eupatoria ou par Old-Fort était une conception non moins irréfléchie et non moins impossible. La protestation contre le premier plan était inutile, puisque ce plan n'avait pas même été discuté ; mais la protestation contre l'autre plan, exécuté par le maréchal St.-Arnaud, restera éternellement dans les fastes de la guerre. Elle a été énergique, radicale, absolue ; elle a été dirigée contre le principe même de l'expédition ; elle en a démontré tous les vices, elle l'a frappé au cœur, avant son exécution même.

L'histoire prononcera entre les *avis timides* et les *témérités coupables*.

Au lieu de cette entreprise, dont nous ne prévoyons pas la fin, nous avons indiqué un plan de campagne sur le Danube. L'empereur fait un effort suprême pour démontrer que ce plan était inexécutable. Il appelle à son secours la science militaire et le simple bon sens. Il y a autant d'erreurs et de mauvais arguments, qu'il y a de mots et de phrases dans la démonstration officielle.

L'empereur commence par une confusion géographique ; il assimile la Dobrutscha, où M. Espinasse a présidé au désastre que tout le monde connaît, aux districts bulgares qui s'encadrent entre les Balkans et le Danube, depuis Varna et Tchernawoda à l'est, jusqu'à Choumla et Nicopolis à l'ouest. La Dobrutscha est en effet un pays pauvre, humide, malsain, resserré entre la mer Noire et les grandes eaux du Danube, à l'ouest et au nord. La partie de la Bulgarie que nous indiquons est au contraire un pays riche, peuplé, cultivé, d'une salubrité bien connue, qui s'étend en amphithéâtre depuis les montagnes auxquelles il est adossé, jusqu'à la vallée du Danube qui lui sert de limite septentrionale. Comme les opérations militaires avaient précisément lieu sur cette limite, depuis Rassova, où manœuvraient Luders et Grotenhielm, jusqu'à Silistrie, où la garnison turque soutenait un siége admirable, et jusqu'à Turtukaï, d'où Ismaïl-Pacha, arrivant de Widdin par Nicopolis, menaçait le flanc gauche des Russes, il eût été naturel que les alliés se portassent sur ce théâtre, et, ralliant les troupes d'Omer-Pacha, se dirigeassent sur le Danube, où les Russes, mal assurés, s'épuisaient en vains efforts contre une simple place forte.

Tout le monde s'attendait à cette marche décisive, et les soldats y comptaient d'autant plus que le choléra les décimait à Varna. Ils ne demandaient qu'à sortir de ce trou malpropre, où ils se morfondaient dans une inaction qui nous a coûté plus cher que trois grandes batailles livrées aux Russes.

En ralliant les troupes d'Omer-Pacha, les alliés comptaient une force imposante de 120 mille hommes, convergeant vers Silistrie et obligeant les Russes à lever le siége avec précaution.

Les Russes comptaient alors 200 mille hommes sous les armes, dit l'empereur ; c'est là une exagération insoutenable. Lorsqu'après leur retraite et leur expulsion de Giurgewo, le prince Gortschakoff rallia derrière l'Argis ses corps dispersés, il ne comptait que 90 mille hommes. Il avait à sa droite quelque cavalerie ; à sa gauche Luders revenant sur Matchin ; sur ses derrières Liprandi avec son quartier-général à Ployesti. Ces forces diverses représentaient l'effectif des 4e, 5e et 6e corps d'armée, ceux-là même qui avaient occupé les principautés. Le 3e corps (Osten-Sacken) était encore sur le Dniester.

A ce moment, le moral des soldats russes avait été soumis à de rudes épreuves. Le plan primitif avait été changé par le nouveau généralissime ; le prince Gortschakoff avait subi une sorte de défaveur ; le général Dannenberg s'était fait surprendre à Oltenitza ; le général Aurep avait subi dans la Petite-Valachie une série d'échecs partiels ; Luders n'avait pas osé occuper Bazardjick ; le vieux Schilder était mort devant Arab-Tabia ; le maréchal Paskiewitch, blessé légèrement, était découragé et demandait à se retirer momentanément dans ses terres. Les marches et les contre-marches s'étaient tellement multipliées, les plans et les contre-plans s'étaient tellement enchevêtrés, que les troupes russes avaient perdu toute confiance, et nous n'avons rien exagéré, lorsque nous avons dit ailleurs que leur retraite pouvait se changer facilement en déroute, surtout après le dernier combat de Giurgewo, où ils avaient été battus par les Turcs.

Toutes ces circonstances défavorables pour l'armée russe, l'empereur n'en tient pas compte ; il affirme que cette armée nous eût attendus de pied ferme, et il exagère comme à plaisir le chiffre de son effectif, afin de donner plus de force à son argumentation.

Mais ce n'est pas tout ; nous n'avions, dit-il, ni parc de siége, ni parc de réserve, ni équipages de pont, ni moyens de transport. Il nous semble que c'était précisément là-dessus qu'avaient porté nos premières critiques. Si nous avons bonne mémoire, c'est précisément ce dénûment et ce défaut d'organisation que nous avons reproché au maréchal de St.-Arnaud. Ce n'est pas sans raison que nous avons insisté sur son imprévoyance, sa négligence, son incurable désordre, source de gaspillages funestes.

Oui, au mois d'août, nous n'avions pas de moyens de transports ; les parcs et les équipages de pont nous manquaient ; on envoyait même chercher en toute hâte du biscuit à Oran, à Alger, tant on avait pris peu de précautions, même pour le service des vivres. C'était le devoir du commandant en chef de vaquer à tous ces soins ; c'était le devoir du gouvernement de pourvoir l'armée de tout ce qui lui manquait. Mais le commandant en chef perdait son temps en fêtes, en réceptions, en intrigues, dans le commerce de Reschid-Pacha et de M. de Bruck, à Constantinople ; et Sa Majesté s'occupait de rédiger des contre-proclamations à Biarritz.

Mais en démontrant qu'une impardonnable négligence, qui n'a d'excuse peut-être qu'une inexpérience naïvement avouée, a présidé à l'expédition, on n'a pas démontré que le plan de campagne sur le Danube fût mauvais, et surtout ne fût pas préférable à celui de Crimée. Nous persistons à soutenir que tous les avantages étaient d'un côté, et toutes les chances défavorables de l'autre. Les observations présentées par le prince Napoléon au Conseil de guerre subsistent dans toute leur force, et l'empereur, qui affecte aujourd'hui tant de dédain pour le plan de campagne sur le Danube, n'a pas toujours eu cette opinion. A la suite d'observations prudentes qui lui avaient été adressées avant et après la bataille d'Inkermann, du camp de Sébastopol et plus tard de Constantinople, l'empereur avait bien voulu reconnaître, au moins implicitement, qu'il s'était trompé, que nous avions fait fausse route, que nous étions engagés dans une impasse. Il songea un moment à déplacer le théâtre de la guerre, ou plutôt à le replacer sur son véritable terrain, en dépit même de la prise de possession autrichienne. Après Inkermann, il daigna écrire au général en chef une lettre dont une partie était destinée à la publicité, et nous espérons qu'il ne trouvera pas mauvais que nous citions une phrase de cette lettre, puisque cette phrase a figuré au *Moniteur* (numéro du 26 novembre).

« La victoire d'Inkermann m'a profondément ému, disait-il dans cette lettre ; exprimez à l'armée toute ma satisfaction ; remerciez les généraux, les officiers et les soldats de leur vaillante conduite.

» Un surcroît de secours va doubler vos forces et vous permettra de reprendre l'offensive.

» UNE DIVERSION PUISSANTE VA S'OPÉRER EN BESSARABIE... »

L'empereur, comme cette citation le prouve, a donc partagé un moment les vues de ceux qui voulaient sincèrement l'éclairer sur notre situation. Le sang d'Inkermann criait vengeance. Les entrailles du neveu de Napoléon s'en étaient émues. Mais cette émotion ne fut que passagère, et les négociations du traité du 2 décembre, et la conclusion de cette alliance *défensive* entre l'Autriche et les puissances occidentales, calmèrent cette explosion d'un jour, et rendormirent l'empereur de ce sommeil où il se laisse bercer par la main caressante de l'illustre maison de Habsbourg.

L'empereur n'a pas, du reste, essayé de dissimuler le véritable motif qui l'avait engagé à nous éloigner du Danube et du Pruth. Aux raisons militaires qu'il a indiquées, s'ajoute une raison politique de la plus haute importance : nous voulons parler de l'alliance de l'Autriche, qui n'était pas consommée à cette époque, et de la coopération, sollicitée et attendue, de cette puissance à la lutte contre la Russie.

IV.

Triomphe de la politique autrichienne.

« Sans le concours de l'Autriche, dit l'empereur, il était interdit à notre armée, sous peine de la plus funeste catastrophe, de s'avancer sur le Danube... Pour qu'une campagne au-delà du Danube et sur le Pruth fût possible, il fallait, nous le répétons, la coopération active de l'Autriche... L'Autriche n'était pas prête à ce moment. »

A la bonne heure ! Il faut avoir le courage de son opinion et celui de ses fautes, non-seulement en art militaire, mais encore en science diplomatique. L'empereur a ce courage. Il n'hésite pas à proclamer à la face de l'Europe qu'il a besoin du concours de l'Autriche, que sa coopération lui est nécessaire pour lutter contre la Russie sur le Danube et sur le Pruth.

L'empereur a sans doute réfléchi à l'effet que produirait ce passage de son article ; il ne fait rien à la légère ; il médite longuement sur ses actes et ses paroles. Mais il ne niera pas lui-même que cet aveu ne soit très-utile à l'Autriche, n'augmente la force morale de cette puissance, et ne fortifie sa position dans le conflit actuel.

D'un autre côté, cet aveu si explicite nous donne raison, à nous, qui avons toujours considéré comme une calamité cette recherche de l'alliance autrichienne, ce vif désir d'une coopération cent fois promise et jamais accordée. Nous avons cru, dès le principe, que le cabinet des Tuileries devait donner à entendre au cabinet de Vienne, que s'il ne repoussait pas son concours, il n'y tenait pas essentiellement ; que la lutte contre la Russie intéressant l'indépendance européenne, il s'appuierait, à défaut de la coopération autrichienne, sur les sympathies des nationalités grandes et petites, libres ou dépendantes.

Ce n'eût point été une menace, mais un simple avertissement. Pour corroborer cette politique et briser aux mains de l'Autriche le fil d'Ariane avec lequel elle nous promène depuis quinze mois dans le dédale des protocoles, nous avons cru qu'il était indispensable d'agir sur le Danube, et, les Russes forcés à la retraite, de les remplacer en Moldo-Valachie. L'occupation de ces deux provinces tranchait la question dès la première campagne et sans avoir troublé l'Europe, ni provoqué de mouvement révolutionnaire ; nous acquérions une influence décisive sur les résolutions des cabinets allemands, par notre seule présence aux frontières de la Hongrie. L'armée anglo-française opérant de concert avec les bonnes troupes ottomanes, constituait, au-delà même du territoire germanique, une avant-garde imposante qui ne laissait point d'alternative aux cours d'Allemagne.

L'Autriche a senti toute la force que nous donnerait cette prise de possession des principautés, et, immédiatement, elle s'est mise à l'œuvre pour nous paralyser. Elle commence par signer avec la Turquie le néfaste traité du 14 juin, auquel le maréchal St.-Arnaud coopère, et qui reçoit l'entière approbation de l'empereur ; puis elle se rapproche peu à peu de notre politique, adhère à nos propositions et signe le protocole des quatre garanties.

Elle prend vis-à-vis de la Russie une attitude belliqueuse qui fait sourire l'opinion publique, mais où l'empereur voit une preuve de la sincérité, de la loyauté chevaleresque de S. M. François-Joseph. L'empereur est convaincu que cette politique est le fruit de l'expérience acquise par l'Autriche, puissance gênée dans ses mouvements par l'empire russe et subordonnée trop longtemps aux vues des czars.

Cette politique est, d'ailleurs, logique et conséquente avec celle de M. Metternich, de 1824 à 1829. L'Autriche doit vouloir la diminution morale et matérielle de la Russie, elle doit réclamer la liberté de navigation du Danube, elle doit exiger l'affranchissement des principautés moldo-valaques de la tutelle moscovite. Donc l'Autriche ne nous trompe pas, donc elle est notre alliée naturelle, donc on peut lui livrer le Danube et les principautés jusqu'à la solution définitive du conflit.

Et les principautés, c'est-à-dire la clé de la paix et de la guerre, le nœud de toute la question d'Orient, au point de vue diplomatique et militaire, sont aveuglément livrées à l'Autriche; cette clé, elle la tient et la garde avec 100,000 hommes; ce nœud, elle le dénouera quand elle le jugera convenable, au gré de ses intérêts matériels ou de ses tendances politiques.

Chose étrange! Les quatre grandes puissances belligérantes ont toutes également perdu dans la guerre d'Orient; l'Angleterre est sans soldats, la France est douloureusement éprouvée, la Russie est fortement menacée sur ses frontières méridionales, la Turquie est épuisée d'hommes et d'argent. L'Autriche seule a gagné à cette guerre; elle n'a risqué jusqu'à ce jour ni un homme ni un écu; elle n'a pas fait un sacrifice; elle s'est préparée lentement à une lutte générale; elle occupe les points stratégiques les plus importants sur le théâtre de la guerre. Et au moment où ses intérêts matériels et ses intérêts politiques le lui prescrivent, elle retire ses promesses de coopération, elle refuse d'agir, et ce qui est plus étrange encore, elle donne de son refus des raisons excellentes, dont aucun homme d'Etat ne peut nier la valeur.

Ecoutez-la. Le cabinet de Vienne, composé d'hommes relativement nouveaux, mais habiles et expérimentés, tient à peu près ce langage :

« Je voulais obtenir : 1° la libre navigation du Danube, afin d'en faire une grande voie autrichienne vers l'Orient; 2° la cessation du protectorat russe sur les principautés, afin d'empêcher l'extension de la Russie au Midi; 3° la garantie commune de l'Europe concernant les droits des sujets chrétiens de la Turquie, afin de couper court à la propagande slave qui inquiétait mes frontières depuis Jassy jusqu'à Andrinople, de Belgrade jusqu'à Cattaro. Ces trois points, je les ai obtenus ; la Russie a accédé à tout ce qui pouvait m'intéresser ; elle a renoncé à ses prétentions pour me satisfaire, et en ce moment elle ne menace plus la Turquie, car sa marine de la mer Noire est en grande partie détruite ; mais c'est l'empire ottoman qui la menace et qui occupe une partie de son territoire, de concert avec les puissances occidentales.

» Or, ces concessions du cabinet de Saint-Pétersbourg, cette diminution de la force moscovite au Midi, me suffisent en ce moment. La prépondérance russe affaiblie, il ne peut entrer dans mes vues d'y laisser succéder la prépondérance occidentale. Les choses sont bien comme elles sont. J'occupe le principal théâtre de la guerre, que vous m'avez cédé de bonne grâce, et je vous en remercie ; je suis même disposée à donner mon approbation aux nobles efforts que vous faites en Crimée, à glorifier le sang généreux que vous y répandez. Mais c'est tout ; je ne veux pas plus de votre empire dans la mer Noire, de votre influence à Constantinople, que je ne voulais de l'empire et de l'influence moscovites sur ces deux points. Une dernière considération frappera le cabinet des Tuileries : le pays qu'il gouverne si bien a l'humeur changeante. Il procède par bonds inattendus ; sa puissance dans la mer Noire, conservatrice aujourd'hui de l'indépendance ottomane, peut revêtir tôt ou tard un autre caractère ; elle peut se changer en propagande dangereuse pour mes possessions hongroises, dont les bouches du Danube, libres d'entraves, sont très-rapprochées. Vous comprenez le péril qu'il y aurait pour moi à laisser s'établir en Orient, sur mes derrières, une prépondérance qui pourrait un jour ou l'autre me déborder par les idées d'agitation qu'elle porte dans son sein.

» Voilà les raisons de notre inaction temporaire ; les cabinets des Tuileries et de St.-James en reconnaîtront certainement la justesse, et nous applaudiront de notre prudence. »

Que peuvent répondre à ce langage les puissances occidentales et particulièrement la France impériale? Rien. La position prise par l'Autriche, c'est l'empereur qui la lui a donnée. L'occupation du Danube et des principautés, c'est l'empereur qui la lui a accordée. Le changement du théâtre de la guerre exigé par elle, c'est l'empereur qui y a consenti. L'impossibilité où nous sommes d'attaquer désormais la Russie autrement que par ses extrémités les plus invulnérables, c'est l'empereur qui nous y a réduits. L'impuissance où nous sommes d'agir sur les cours allemandes, c'est l'empereur qui nous y a acculés. Enfin nos pertes en Crimée et nos échecs successifs devant Sébastopol, c'est l'empereur qui, par ses bontés pour le cabinet de Vienne, nous les a préparés.

Il fallait rester, nous le répétons, le *parvenu* de 1852.

Au nom de la France et de la tradition impériale,

nous repoussons de toute notre âme cette politique qui a manqué, depuis deux années, de la conscience d'elle-même, et qui s'est laissé surprendre par l'artificieuse diplomatie des vieux cabinets.

Un pair d'Angleterre disait, dans la séance de la Chambre les Lords du 24 avril, en adressant des interpellations au sujet des conférences de Vienne :

« Par la position qui lui a été faite, l'Autriche peut choisir à son gré ses alliés et ses adversaires ; elle a été mise en possession de deux grandes provinces ; ses armées sont campées sur les confins des deux empires belligérants, et rien ne l'empêche de s'unir à la France et à l'Angleterre, contre la Russie, ou à la Russie, contre l'Angleterre et la France. »

Lord Clarendon a été fort embarrassé dans sa réponse. Le chef du Foreigne-Office ne manque pas, en effet, de pénétration, et le sens des hésitations de l'Autriche, pendant les dernières négociations, ne lui avait pas échappé. Il avait d'ailleurs à son service un précieux renseignement qui lui avait été communiqué par lord Westmoreland : nous voulons parler des fréquentes entrevues que M. de Buol n'a cessé d'avoir avec le comte Potocki, en dehors des conférences, en dehors même de la participation apparente de MM. de Titoff et de Gortschakoff. Lord Clarendon avait deviné, sans oser l'aborder de front, le secret de ces entrevues ; son regard avait percé, sans que sa main osât le déchirer, le voile qui enveloppait la politique du cabinet de Vienne, et c'est sous l'empire de cette impression, nous pourrions dire de ce malaise, que lord Clarendon répondit à des interpellations qui lui étaient adressées, *qu'il était impossible de dire quelle marche suivrait l'Autriche* (séance des Lords du 24 avril).

V.

Le dernier mot de la politique russo-prussienne.

La Prusse a été plus nette et plus franche que l'Autriche dans tout le cours des négociations entamées depuis le début de la question d'Orient. La Prusse voulait, comme l'Autriche, une diminution de la puissance moscovite ; elle désirait comme elle la liberté de navigation du Danube, l'affranchissement des principautés, et surtout le maintien de l'indépendance et de l'intégrité de l'empire ottoman.

Ces concessions lui furent faites de bonne heure par le cabinet de St.-Pétersbourg, et lorsqu'elle fut en possession de ces avantages, les seuls qui eussent pour elle quelque valeur, elle cessa de manifester tout autre exigence et se déclara à peu près satisfaite. Seulement, elle s'attribua une mission de paix, un rôle de conciliation en rapport avec les idées et le caractère de son souverain.

Toutefois, il faut le dire, la Prusse fut, après la Russie, la puissance qui perdit le moins de vue le point de départ de la guerre actuelle. L'empereur Nicolas avait soin de le rappeler fréquemment à son frère, le roi Frédéric-Guillaume, et l'empereur Alexandre II n'a pas manqué de le lui rappeler à son tour, dès les premiers jours de son avènement.

Débarrassée, nous l'avons dit, des entraves que lui suscitait l'esprit de la révolution européenne, la politique absolutiste se crut en mesure, après les événements de décembre 1851, de prendre sa revanche de l'inaction forcée qu'elle subissait depuis si longtemps, et de renouer la chaîne des traditions, rompue par les bouleversements occidentaux. Feu l'empereur Nicolas était l'incarnation la plus forte et la plus éclatante de cette politique, qui avait groupé à plusieurs reprises toutes les forces actives de l'Europe; d'abord contre la première république française; ensuite contre le premier empire. Dans cette longue lutte, la France avait fini par succomber; et si la France s'en souvenait avec douleur à chacune des révolutions qu'elle a accomplies depuis 1815, d'un autre côté, une partie de l'Europe le rappelait avec orgueil à chaque menace qui lui venait des rives de la Seine.

La seconde république et le second empire trouveraient l'Europe, pour le fond, à peu près dans les dispositions dépourvues de bienveillance qu'elle avait manifestées à la fin du siècle dernier et au commencement de ce siècle; sauf la forme, sauf quelques modifications apportées par le temps, imposées par la raison publique : la lutte des deux grands principes restait la même. Seulement, les deux principes se faisaient des concessions respectives : la menace occidentale était plus contenue, l'idée absolutiste de répression était moins violente. De grands intérêts industriels et commerciaux avaient été créés depuis quarante ans, et ils présentaient de chaque côté, par leur masse imposante, un obstacle très-difficile à franchir pour les ambitions, les défiances et les théories qui existaient dans les grandes cours du Nord. L'absolutisme, un moment ébranlé en 1848-49, se mit sur la défensive ; c'était habile et prudent. Mais l'ordre partout rétabli, les agitations mises à néant, la révolution vaincue, l'absolutisme ne trouva plus en face de lui qu'un fait, le second empire, qu'un homme, Napoléon III ! Ce fait et cet homme portaient ombrage pour deux raisons, d'abord parce qu'ils étaient la négation des traités de Vienne, ensuite parce qu'ils rappelaient avec trop d'ostentation le principe électif et populaire d'où ils sortaient. Pour être conséquents avec eux-mêmes, le fait et l'homme eussent dû prendre une attitude modeste, dissimuler leur origine, renier leur tradition. C'est ce qu'à nos yeux ils ont fait beaucoup trop ; c'est ce qu'aux yeux de la vieille Europe ils n'ont pas fait assez.

L'empereur Nicolas en prit ombrage, ce à quoi il était déjà disposé ; et c'est alors qu'il combina cette grande machine, dont le trébuchet était destiné à prendre l'empereur et l'empire. Il se servit à cet effet du prétexte dérisoire des Lieux-Saints, que le gouvernement français lui offrait avec tant de naïveté.

Cette fois, l'empereur Nicolas avait négligé de s'assurer préalablement le concours de l'Autriche, de la Prusse et de l'Angleterre, et surtout il avait compté sans son hôte, c'est-à-dire sans Louis-Napoléon, qui le devina très-habilement, et dont la pers-

picacité fit hésiter un instant le czar dans sa gigan·
tesque combinaison. Ce n'est point la première fois
que nous faisons honneur à Napoléon de sa pénétration subtile, de son intelligente sagacité. Il para le
coup que l'empereur Nicolas voulait lui porter, et
il le devança à Londres, où l'opinion n'était pas encore faite sur la question des Lieux-Saints.

Mais ce qui prouva surtout son incontestable ha-
bileté, ce furent les doutes qu'il sut jeter à Vienne et
à Berlin dans les esprits les plus prévenus en faveur
de la politique moscovite ; ce fut le trouble qu'il
porta dans toute l'Europe, en montrant l'influence
russe à l'état de menace pour l'indépendance des
peuples et la liberté du monde. Au fond, cette indépendance et cette liberté n'étaient que des moyens,
des instruments d'action ; mais il s'en servit avec
une adresse rare, et sut émouvoir l'Europe sur son
avenir.

La différence qui existe entre nous et l'empereur,
consiste dans la manière d'envisager les deux principes qui s'élevaient d'eux-mêmes contre la politique
et la conduite du cabinet de St.-Pétersbourg, au bénéfice de la cause occidentale, que la France repré-
sentait si bien au début de la querelle. Nous voulions,
nous, que les mots d'indépendance des peuples et de
liberté du monde ne restassent point vides de sens,
qu'ils fussent opposés à la combinaison du czar
comme une menace sérieuse ; qu'ils pesassent sur les
résolutions des cours allemandes de toute leur influence magique. L'empereur ne fut point de cet
avis ; il ne se rallia pas à ce système, et si pour un

moment sa prudence lui donna une force factice, s'il écarta quelques défiances, s'il *apprivoisa*, pour ainsi dire, les cabinets les plus récalcitrants ; peu à peu cette prudence fut prise pour de la faiblesse, les défiances dissipées se changèrent en dédains, et les cabinets qui avaient prêté à ses premières ouvertures une oreille favorable, reprirent leurs anciennes positions, et opposèrent à ses démarches l'inaction, à ses conseils le silence, à ses invitations le principe passif de la neutralité.

Le cabinet de Berlin fut celui qui dissimula le moins cette métamorphose, qui prit le moins de peine pour cacher ce passage d'une adhésion sympathique à une attitude équivoque et aujourd'hui presque malveillante. Les Etats qui gravitent autour de la Prusse firent comme elle, et traversèrent les mêmes phases. On peut hardiment rattacher aujourd'hui à ce système, d'où sortira tôt ou tard une ligue de neutralité armée, (outre la Prusse), le Danemark, la Bavière, le Wurtemberg, la Saxe, la Hollande, le Mecklenbourg, la Suéde et la Norwège [1].

Quant à la Belgique, on connaît la pensée intime de son souverain et la formule de son gouvernement. La Belgique est neutre, non par tendance pour telle ou telle cause, mais par l'obligation que les traités lui ont faite de la neutralité. Elle est neutre, parce que sa neutralité fait partie du droit public européen,

---

1. Le 30 avril, M. Thouvenel recevait une dépêche de M. de Moustier, notre ambassadeur à Berlin, dénonçant *le projet* d'une alliance offensive et défensive entre les Etats que nous désignons. L'alliance est peut-être consommée à cette heure.

et que c'est la base essentielle de son existence comme nation.

De négociations en négociations, de délais en délais, la Prusse est retournée au point de départ de la guerre actuelle. Le parti moscovite à Berlin, dans la Poméranie et dans la Vieille-Prusse, a manœuvré très-habilement en vue de ce résultat. Il a fini par occuper la position toute entière ; il est parvenu à déplacer à son profit la majorité dans les Chambres, et par convertir même à ses sentiments de bons et solides esprits, MM. de Manteuffel, d'Usedom, de Wedel, par exemple, qui, au début, avaient vu avec bonheur, dans les embarras de la question d'Orient, une heureuse occasion de faire des conditions à la prépondérance russe et de lui poser des limites.

Un des chefs du parti de la droite, dans la seconde Chambre, M. de Gerlach, a exploité (c'est le mot) à la tribune de cette assemblée, plusieurs passages de notre première brochure. Il a pu dire que nous lui avions fourni des armes contre une alliance avec les puissances occidentales, et il s'est félicité de ce que son gouvernement avait échappé au *filet fragile* qui lui était tendu. Ce n'est pas nous, hélas ! qui avons facilité au gouvernement prussien l'évolution qu'il a lentement accomplie ; les faits ont été plus forts que nos phrases, et nous nous sommes bornés à constater des faits, dont la responsabilité remonte exclusivement à la politique personnelle de l'empereur. Si nos conseils eussent été suivis ; si une autre direction eût été imprimée à la diplomatie et à la guerre, nous pourrions donner à l'honorable chef du parti de la croix, l'assurance qu'il se montrerait à cette heure plus sobre de ses vieilles haines contre la France et de ses dédains pour le gouvernement.

C'est à Berlin qu'existe le germe de la coalition qui doit, dans un avenir prochain peut-être, s'amonceler à notre horizon. La politique suivie à l'égard de la Prusse, semble n'avoir eu d'autre but que de réchauffer ce germe, de le développer, de favoriser son extension, ses ramifications souterraines.

La distance qui sépare aujourd'hui la politique prussienne de la politique russe est à peine appréciable ; la fusion est près de s'accomplir ; partis d'une source commune, les deux courants ont divergé d'abord ; ils se sont rapprochés ensuite, et à l'heure où nous écrivons ces lignes, ils sont sur le point de former leur confluent naturel.

Le nom de la Sainte-Alliance a été rappelé à St.-Pétersbourg, dans les discours officiels d'avènement d'Alexandre II. Ce nom est une menace à la France, c'est le mot de ralliement des vieilles monarchies. Le ralliement serait opéré déjà, sans la rivalité d'influence qui divise les deux grands Etats germaniques, l'Autriche et la Prusse ; mais cette rivalité se taira devant la nécessité qui entraîne en ce moment l'Europe et force chacun des intéressés à reprendre sa position naturelle. Chose étrange ! on désirait vivement se rattacher la Prusse comme on s'était rattaché, du moins comme on croyait s'être rattaché l'Autriche. On manifestait ce désir en raison directe de l'éloignement que témoignait chaque jour le cabinet de Berlin ; on saisissait toutes les occasions d'être agréable à l'hôte de Charlottenbourg ; on imposait aux feuilles parisiennes une réserve galante, par contraste avec le débordement d'injures des feuilles anglaises, attaquant avec une violence impardonnable, non seulement tout un grand parti dans la personne de M. de Gerlach, de M. de Stahl, du maréchal de Dohna, du colonel de Manteuffel, mais outrageant les princes et jusqu'à Sa Majesté elle-même. On se montrait gracieux, prévenant, obligeant dans ces détails sans valeur et sans intérêt. Une circonstance solennelle se présente ; la question de la révision du traité de 1841, dont la Prusse est une des puissances co-signataires est mise à l'ordre du jour, et tandis que d'une part l'empereur entretient amicalement le général de Wedel, et que lord Clarendon est plein de séductions pour M. d'Usedom, on déclare *proprio motu,* le cabinet de Berlin forclos, et l'on met en discussion le traité de 1841, en dehors de sa participation, malgré la demande d'Ali-Pacha lui-même, qui voyait dans la Prusse la puissance la plus désintéressée et la plus impartiale, en ce qui concernait le règlement des détroits et le caractère de *mare clausum, apertum vel neutrum* à donner à l'Euxin. Après avoir ménagé la Prusse, dans la forme, avec beaucoup de longanimité, on la frappait au fond, on la blessait au cœur, dans son intérêt le plus vivace, dans son droit le plus incontestable, dans son orgueil le plus légitime. La Prusse était précipitée de son rang de puissance de premier ordre.

La Prusse a mis en, trois semaines, son armée sur le pied de guerre ; elle dispose à elle seule de plus de

400,000 hommes ; c'est un peuple armé jusqu'aux dents.

Ce n'est pas notre faute, si la France n'a recueilli depuis deux ans que des déceptions et n'a subi que des pertes. Mais il est bon qu'elle soit avertie une dernière fois, et qu'à travers les ténèbres qui l'enveloppent, un trait de lumière arrive jusqu'à elle et l'éveille de sa quiétude.

La France se trouve en face d'une coalition européenne, dernier mot de la politique du cabinet de Berlin, sanction définitive du système des neutres. Il faut que la France le sache, et il ne dépendra pas de nous qu'elle ne soit préparée à cette suprême éventualité.

VI.

Piémont.

Parmi les fautes de la politique de l'empereur, il en est une qui passe à peu près inaperçue, et qui, cependant, mérite d'être signalée.

En s'alliant à la France et à l'Angleterre, le Piémont n'établissait aucune distinction morale entre les gouvernements des deux pays. Seulement, le cabinet de Turin, ayant en face de lui des assemblées parlementaires, avait été forcé de manifester au profit du gouvernement anglais une sorte de prédilection mal définie, mal énoncée, mais qui était un excellent argument, dans les deux Chambres, en faveur de l'alliance soumise à la discussion. Le grief que l'opposition eût fait au cabinet piémontais, de

contracter une alliance intime avec un gouvernement absolu comme celui de l'empereur, tombait
devant cette prédilection, qui n'existait que dans la
forme et qui n'avait au fond rien de blessant pour
l'empire ; c'était un moyen de discussion et de succès, qui, du reste, réussit à merveille. C'est ainsi
que nous avons interprété la nuance presque imper-
ceptible que laissait deviner le langage des ministres
piémontais. Toutes les personnes que nous avons
consultées ont exprimé la même opinion.

D'un autre côté, le sacrifice que faisait le Piémont
était immense. Il déclarait, ou plutôt il ne déclarait
pas la guerre à la Russie, mais il s'engageait, de concert avec nous, à envahir son territoire, et à obtenir
d'elle par la force ce qu'elle refusait par les négociations. Assurément c'était une touchante preuve
de sympathie pour notre cause ; c'était en même
temps un précieux renfort pour nos armes.

L'empereur ne sut point en tenir compte à cette
nation si brave et si dévouée. Il prit ombrage de la
nuance de prédilection que nous signalons plus haut,
et il témoigna au Piémont un mauvais vouloir systématique qui plaça le ministère Cavour-Ratazzi dans
la plus fausse des situations.

D'abord, l'empereur refusa d'appuyer à Vienne,
comme elles devaient l'être, les réclamations si légi-
times du Piémont, au sujet de la séquestration des
biens des émigrés lombards, naturalisés sardes ; c'était
un des premiers avantages que le cabinet de Turin
comptait obtenir en compensation de son sacrifice ;
l'empereur resta indifférent à la solution de cette

grave question, qui devait être posée à l'Autriche en termes péremptoires. L'Angleterre seule y mit quelque insistance ; mais, mal soutenue par le gouvernement français, elle ajourna cette importante affaire, que l'Autriche veut tenir en suspens jusqu'au jour d'une pacification générale.

Ce fut pour le Piémont une déception d'autant plus sensible, que, simultanément, le conflit austro-suisse recevait une solution avantageuse. L'empereur faisait pour la Suisse, restée neutre, ce qu'il refusait de faire pour le Piémont, son allié. Le contraste fut douloureux.

Le gouvernement piémontais pouvait croire aussi qu'en prenant part à la lutte, il acquerrait le droit de débattre à Vienne l'intérêt européen pour lequel il prenait les armes. Il n'en fut pas même question.

Dans son voyage à Londres, l'empereur s'expliquant sur le caractère du conflit, applaudissant aux généreux efforts des puissances alliées, n'eut pas un mot d'éloge à l'adresse du Piémont. Ce silence prémédité et systématique eut quelque chose d'humiliant, non pas pour la nation sarde, mais pour les hommes qui l'avaient engagée.

Le Piémont n'a recueilli jusqu'à ce jour, en compensation de son adhésion à notre alliance occidentale, que la circulaire du comte de Nesselrode, dont le poids est si lourd à porter.

Cet exemple n'est pas engageant pour les autres États de second ordre.

Nous espérons que les soldats piémontais ne s'en battront pas avec moins de vigueur, et qu'ils maintiendront à leur vieille et glorieuse réputation de bravoure.

VII.

Récapitulation des faits.

Si nous récapitulions les fautes qui ont été commises par l'empereur et qu'il aurait pu facilement éviter, nous serions obligés de faire une longue addition, témoignage de l'indécision et de la faiblesse de sa politique.

1° Préférence générale accordée au système des alliances absolutistes sur le système des alliances avec les nationalités.

2° Recherche de l'alliance autrichienne, qu'on pourrait intituler : poursuite d'une ombre insaisissable.

3° Consentement empressé à la conclusion du traité spécial entre l'Autriche et la Turquie.

4° Abandon du véritable théâtre de la guerre, les principautés danubiennes, point culminant d'où les puissances occidentales devaient diriger la guerre et la diplomatie.

5° Idée de l'expédition de Crimée, mise en avant par l'Autriche, et acceptée sans réflexion par les alliés.

6° Conception du plan de campagne due à l'empereur, homme politique étranger aux choses de la guerre et spécialement à l'ensemble des faits constatés en Orient.

7° Siège de Sébastopol, par le sud et campagne d'hiver sur le sol russe.

8° Choix de généraux de discordes civiles et d'escarmouches, sans notions de géographie, de topographie et d'ethnologie, sans expérience de la stratégie pratique et sans connaissance de la grande guerre ; comptant sur la bravoure du soldat plus que sur leur propre initiative.

9° Recherche de l'alliance prusso-germanique, sans compensation offerte ni aux peuples, ni aux souverains.

10° Attitude systématiquement malveillante à l'égard de la brave nation piémontaise.

11° Pression intempestive sur les cabinets de Copenhague et de Stockholm, sans offre de garantie dans l'avenir.

12° Rejet persistant de l'idée d'un rétablissement éventuel de la Pologne, flanc vulnérable de la Russie ; appui continental donné aux trois Etats scandinaves, Danemark, Suède et Norwège.

13° Hostilités impolitiques de la part des marines combinées contre la nationalité finlandaise, et violences inutiles contre les Lapons et les Samoïèdes, entr'autres le bombardement de Kola, au 68me degré de latitude nord.

14° Majestueuse impuissance de la campagne navale dans la mer Baltique et les golfes de Bothnie et de Finlande.

15° Publication malheureuse de l'article nécrologique sur le czar Nicolas, au moment de la réouverture des négociations sur les bases de garanties acceptées par Alexandre II.

16° Publication de l'article militaire du *Moniteur*,

sur l'expédition de Crimée, lequel, sous prétexte de répondre à notre premier travail, porte le découragement chez tous les officiers de l'armée.

17° Publication de l'article diplomatique du *Moniteur*, sur les négociations, article si utile à l'intérêt autrichien.

18° Bombardement de Sébastopol du 9 au 27 avril, sans forces suffisantes pour risquer l'assaut.

VIII.

Premier projet de voyage en Orient.

Et maintenant, l'empereur pouvait-il, dans l'état des choses, aller en Orient? Doit-il s'y rendre maintenant, ou plus tard? Nous abordons ici une des plus graves questions du temps, celle qui renferme, à titre d'énigme, le sort même de l'Empire, et simultanément de la France et de l'Europe.

Le tort de l'empereur est de n'avoir pas compris tout d'abord la haute importance de son voyage. Cette idée lui est venue à la suite d'un examen de la position de son armée sur le plateau de Chersonèse; il a subi le contre-coup des souffrances que supportait cette armée; son cœur a éprouvé une compassion profonde pour ces héros si bizarrement accoutrés contre les intempéries, si singulièrement abrités dans leurs trous malsains contre le froid et la mitraille, si patients dans la résistance nocturne, si braves et si téméraires dans l'attaque au grand jour. Il a partagé l'admiration universelle qu'imposait la conduite de nos soldats ; il a ressenti cette émotion puissante qui s'était déjà manifestée en lui au récit de la bataille d'Inkermann et qui lui avait arraché ce cri d'insubordination contre les nécessités de la diplomatie : *Une diversion puissante va s'opérer en Bessarabie.* Il décida, sans consulter personne, qu'il irait en Crimée. C'étaient assez de douleurs supportées sans qu'il les partageât. C'étaient assez de rapports sur l'incapacité des chefs et la désunion des généraux, pour qu'il se rendît compte par lui-même de l'état des choses. L'empereur obéissait à un sentiment honnête, chevaleresque, auquel le peuple devait applaudir ; mais ce sentiment n'avait pas la puissance de toucher le monde qui forme désormais l'entourage de l'empereur, et qui vit, pour ainsi dire, dans son intimité. Son voyage fut considéré par ce monde comme une aventure, une sorte de croisade incompatible avec la politique actuelle. De vives représentations furent faites à Sa Majesté, les unes au nom de sa sécurité personnelle, les autres au nom des intérêts alarmés, de la situation compromise, des espérances d'adhésions extérieures qui allaient s'évanouir.

L'empereur hésita ; il envoya successivement en Crimée M. de Montebello et l'honorable général Niel.

Certes, nous ne partagions ni les craintes des alarmistes, ni les admirations populaires à l'occasion de ce projet de voyage ; mais nous y voyions d'autres inconvénients d'une nature plus grave, et qui seuls méritaient d'être mis dans la balance où se pesaient les raisons pour et contre la pérégrination de l'empereur.

Le premier inconvénient à nos yeux était l'inutilité même du voyage. Se rendre en Orient, débarquer à Kamiesh, passer en revue l'armée, assister à des manœuvres, présider aux feux des batteries de la troisième parallèle : c'était de la puérilité ; c'était s'exposer de gaîté de cœur à la risée des états-majors de l'Europe, c'était courir au-devant de l'écriteau que tous les hommes de guerre n'eussent pas manqué d'appliquer sur le chapeau de Napoléon le Grand. Ce voyage eût été une folie, suivie d'une honte. Les événements ultérieurs le proclament et autorisent la force des expressions dont nous faisons usage. Au bout de dix jours, l'empereur fût revenu de Crimée, perdu dans l'estime de tous les souverains, dans l'esprit de tous les généraux.

Le second inconvénient qui nous frappait à cette époque, c'était le malaise que le voyage eût provoqué à Londres et à Vienne. L'Angleterre eût vu avec une certaine jalousie l'empereur renouveler son glorieux cercle et prendre le commandement en chef des armées alliées. Elle n'était pas encore préparée au rôle secondaire qu'elle accepte aujourd'hui volontiers, et son orgueil se fut révolté contre une prétention que la récente visite de l'empereur à Windsor a subséquemment légitimée, et, en quelque sorte, consacrée. Lord Russel se fit l'organe direct auprès de l'empereur, de ces rebellions de la vanité britannique, et nous devons constater qu'il en fut tenu un compte sérieux. A Vienne, c'était autre chose ; ce n'était ni de la rivalité, ni de la jalousie : c'était une appréhension vague de voir l'empereur marcher sur les traces de son oncle, acquérir un renom militaire, fortifier sa popularité dans le monde, et étendre au loin, comme une demi-ceinture autour de l'Europe, une influence irrésistible. Bien des jaloux existent déjà à Rome, à Athènes, à Smyrne, à Alexandrie, à Maslack, à Andremasse, à Varna, à Eupatoria, à Kannegh. Le cabinet était sérieusement ému du projet impérial, et il fit présenter par M. de Hubner des objections d'un ordre secondaire, sous lesquelles se cachaient de vives alarmes.

Ainsi, l'idée d'un voyage en Orient, suivi d'un triomphe militaire, ayant pour résultat une moisson de lauriers, portait ombrage à l'Angleterre et à l'Autriche ; l'inconvénient du côté de l'Autriche n'était que relatif ; mais, du côté de l'Angleterre, dont l'alliance nous est nécessaire pour la conduite des événements, l'inconvénient était grave et fournissait matière à de sérieuses réflexions.

Puisque l'empereur avait depuis longtemps résolu de marcher en s'appuyant d'un côté sur les forces navales anglaises, de l'autre, sur les forces continentales autrichiennes, il ne devait pas, pour la satisfaction d'un caprice, compromettre son système, en bouleverser l'économie.

Malgré cela, l'empereur persista dans sa fantaisie, et il fallut l'invitation reçue de Londres pour l'y faire provisoirement renoncer.

Selon nous, dans l'état des choses tel qu'il existait avant le voyage de Londres, l'empereur ne pouvait se rendre en Orient. En mettant son idée à exécution, l'empereur allait au-devant d'un humiliant échec, il indisposait librement l'Angleterre, il portait ombrage à l'Autriche, et il fournissait des armes dangereuses à la Prusse et aux autres Etats européens.

Maintenant, l'empereur ira-t-il en Orient? Voilà l'autre face de la question, la face la plus délicate à examiner, et sur laquelle on doit se prescrire à soi-même la plus grande circonspection.

IX.

Nécessité du voyage de l'empereur en Orient.
(Pologne et Hongrie.)

Si, durant l'espace de deux mois, l'idée du voyage impérial en Orient n'a été qu'une fantaisie ; si ce projet avait le double inconvénient d'indisposer l'Angleterre et l'Autriche ; si, en s'aventurant en Crimée, par Kanneck ou Balaclava, l'empereur s'exposait sans profit à une immense dépréciation, aujourd'hui le voyage, dans d'autres conditions, peut devenir une chose sérieuse : beaucoup de personnes, et nous sommes de celles-là, le considèrent même comme une impérieuse nécessité:

Nous n'avons point notre entrée aux Conseils de l'empereur ; nous n'avons, pour faire entendre notre voix, d'autre moyen que la publicité, d'autre faculté que celle qui est commune à tous. Nous voulons en faire usage en termes modérés, sans manquer au respect que nous devons à l'empereur, et en nous enfermant dans la réserve prescrite par le sujet.

Aujourd'hui, l'empereur n'a plus à se préoccuper des scrupules que pourrait lui témoigner M. de Hubner, au nom de l'Autriche. Il est clair pour tout le monde que le cabinet de Vienne n'est pas disposé à recourir contre la Russie aux mesures coërcitives. L'introduction d'une nouvelle base de négociations par l'entremise de M. le comte de Buol, prouva aux moins clairvoyants que le cabinet de Vienne ne cherchait en général qu'à gagner du temps, et à retarder encore de tout une campagne son intervention active dans le conflit oriental.

En se rattachant à ce dernier fil diplomatique du *statu-quo ante bellum*, pour la limitation du nombre des navires russes dans la mer Noire, le cabinet de Vienne n'a laissé de doutes à personne sur ses profondes répugnances à se compromettre à l'égard de la Russie, c'est-à-dire avec son allié séculaire, et à se joindre dans l'action avec l'Angleterre et la France, c'est-à-dire avec ses adversaires naturels. L'empereur a donc une fin de non-recevoir très-plausible à opposer aux observations de M. de Hubner, si elles se renouvellent.

Quant à l'Angleterre, l'obstacle est levé ; ses scrupules, à elle, ont entièrement disparu. Le gouvernement anglais a fourni à l'empereur des témoignages éclatants de sa confiance dans sa politique personnelle, dans son intelligence de la situation, dans la fermeté et la modération dont il a su faire preuve en maintes circonstances. Ce n'est point ici le cas de discuter cette confiance, d'examiner si le gouvernement anglais fait bien ou mal au point de vue de l'intérêt britannique. Ce qu'il faut établir et ce que personne ne contestera, c'est la naïve et sincère admiration que professe l'Angleterre pour la personne, pour le caractère et pour le talent de l'empereur. L'Angleterre sent qu'elle a besoin de lui, de son alliance, de son concours, nous allions dire de sa protection. L'Angleterre a rapidement perdu sa belle armée ; elle a échoué sur mer comme sur terre, et la guerre contre la Russie ne peut être poursuivie par elle qu'avec l'assistance la plus active de la part du souverain français. Il n'a nullement répugné en dernier lieu au gouvernement anglais de confier à l'empereur le commandement en chef des troupes alliées, pour le cas où il se rendrait en Orient ; il a mis le plus vif empressement à lui conférer ce magnifique honneur. Il n'en pouvait être autrement, nous dira-t-on, eu égard à l'intimité qui existe entre le cabinet britannique et l'empereur, eu égard surtout aux traditions qui font loi en pareille matière, et qui veulent que le souverain d'une des puissances alliées, s'il se présente sur le théâtre de la guerre, possède et exerce le commandement effectif. Mais, des objections d'une nature toute particulière auraient pu se produire au sein du cabinet britannique, et nous savons, de source certaine, qu'il ne s'en est produit aucune.

L'Angleterre a donc cessé de voir des inconvénients dans le voyage de l'empereur en Orient ; elle a d'elle-même écarté ses plus récentes observations ; elle a imposé silence aux velléités de jalousie qu'elle avait éprouvées dans le principe. Elle est même prête à

savoir gré à l'empereur, et à lui témoigner son ab-
négation personnelle, s'il consent à faire le voyage
d'Orient, et à prendre en main la direction d'une sérieuse campagne en Crimée.

Lorsque nous avons vu le comte Colonna-Wa-
lewski remplacer au ministère des affaires étrangères
M. Drouyn de Lhuys, dont la naïveté pourrait être
autrement qualifiée ; lorsque nous avons vu surtout
le comte de Persigny appelé à une des plus importantes fonctions de l'empire, nous avons éprouvé
une satisfaction profonde ; nous nous sommes dit
avec orgueil : l'empereur rompt avec le passé ; il
veut agir !

En effet, les deux hommes à qui l'empereur donnait une marque si solennelle de sa confiance, repré-
sentent, à des degrés différents, sa véritable pensée,
celle qui se rapproche le plus de la tradition impériale. Cette pensée a longtemps sommeillé sous l'en-
combrement des faits qui s'accumulaient chaque
jour, sous la pression des événements qui s'entas-
saient les uns sur les autres ; mais elle a fini par se
dégager, se réveiller et perdre patience. Elle a me-
suré alors l'immensité de la faute commise au Danube pendant la campagne de 1854, faute diplomatique et militaire d'une portée incalculable. C'est
cette faute qui demande à être réparée, du moins
autant qu'elle pourra l'être, et nous croyons de tout
cœur que l'empereur y songe.

Une feuille de *Vienne* autorisée disait dernière-
ment :

« Dans le cas où les négociations, qui ont pour but

la paix, n'aboutiraient pas au résultat désiré, *on s'attend à l'ouverture d'une campagne en Pologne,* qui entraînera naturellement la discussion d'une des plus importantes questions européennes. Il ne faut pas beaucoup de sagacité pour concevoir qu'une fois cette grande guerre ouverte contre la Russie, et si la tâche de diminuer à tout jamais sa puissance est devenue une question de vie pour l'Europe entière, il faudra aussi poser un programme de guerre, lequel sera tout autre que celui d'aujourd'hui.

» Jusqu'à ce jour, les alliés ont voulu le maintien de l'intégrité de l'empire russe; mais si nous n'avons pas la paix avant que quatre semaines se soient écoulées, les alliés seront forcés d'abandonner ce principe. Ils trouveront des moyens pour détacher quelques contrées appartenant à l'empire russe, et atteindre un résultat qui réponde aux sacrifices énormes qu'ils ont faits pour la guerre. »

Il est au moins étrange que ce soit une feuille viennoise qui donne de tels conseils, lorsque l'on n'en trouve pas la moindre trace dans les feuilles impériales de France. Mais qu'importe le point de l'Europe d'où viennent ces conseils, pourvu qu'ils soient bons! Il est certain qu'on ne pouvait pas ouvrir un meilleur avis, ni indiquer un meilleur moyen d'entamer sérieusement l'empire russe. C'est aux parties vulnérables de cet empire qu'il faut s'attaquer; c'est sur ses territoires violemment annexés qu'il faut agir, sans aucun égard pour les observations intempestives des puissances qui se sont appliquées, jusqu'à présent, à limiter notre action ou à la contenir.

L'Angleterre nous suivra dans cette voie, l'empereur le sait ; le peuple anglais forcera la main à son gouvernement et vaincra facilement ses répugnances. D'ailleurs, le gouvernement anglais lui-même ne peut plus conserver d'illusion à cette heure, et nous n'en voulons d'autre preuve que le langage récemment tenu par l'organe de la politique personnelle de lord Palmerston. Puisque nous en sommes aux citations, que nos lecteurs nous pardonnent d'emprunter à cet organe quelques lignes qui fortifieront l'opinion émise par la feuille viennoise dont nous donnons ci-dessus un extrait.

« Les gouvernements de France et d'Angleterre sentent que l'attitude presque hostile de la Prusse et de l'Autriche va leur imposer une nouvelle politique. Ils vont avoir à chercher de nouveaux amis pour combattre de nouveaux ennemis. Ces amis, ils les trouveront en Pologne et en Hongrie. La Prusse et l'Autriche ne pourront s'en prendre qu'à elles-mêmes si les puissances occidentales relèvent les nationalités hongroise et polonaise.

» La France et l'Angleterre ont d'amples matériaux pour réviser la carte de l'Europe, et il ne faudra pas s'étonner si elles se servent des moyens qu'elles ont sous la main. »

Qu'ils la dissimulent ou qu'ils la confessent, telle est la pensée intime des deux gouvernements occidentaux ; et puisque cette pensée se manifeste si clairement dans des organes semi-officiels, rien ne s'oppose à ce qu'ils l'avouent eux-mêmes et la réalisent bientôt dans le domaine des faits. La situation est trop tendue pour qu'ils s'arrêtent désormais aux demi-mesures, et s'en tiennent aux atermoiements qui leur ont été si funestes jusqu'aujourd'hui. Aussi leur conseillons-nous, autant toutefois qu'ils voudront écouter nos avis, de déployer nettement leur drapeau et de préciser aux yeux de l'Europe le but où ils tendent. La guerre des nationalités est le seul levier qui leur reste ; toute autre arme, si glorieusement et si habilement qu'elle soit maniée, sera brisée et restera impuissante entre leurs mains.

Beaucoup de personnes se sont prématurément réjouies des dernières manifestations polonaises, accueillies officiellement par le gouvernement. Elles ont vu dans l'adresse du prince Czartorysky et dans la lettre du général Ribienky l'expression de la politique vigoureuse que se disposaient à adopter les puissances occidentales. Nous croyons que ces personnes ont été beaucoup trop loin dans leur sympathique aprobation, et qu'elles se sont contentées de trop peu de chose. La fraction de l'émigration polonaise qui a pris récemment la parole, n'exerce qu'une médiocre influence en Pologne ; elle est incapable d'y provoquer un mouvement ; elle n'a d'ailleurs aucun moyen de pénétrer ni au cœur ni même sur les frontières du pays, où elle trouverait un cordon militaire, formé par les trois puissances co-partageantes.

L'action ne doit pas être limitée à une fraction de l'émigration polonaise, fraction précisément la moins étendue et la moins populaire. Il faut s'adresser à la Pologne tout entière, sans en excepter notre savant ami Mieroslawski et le brave général Wysoczski. La force insurrectionnelle de la Pologne est dans ces deux noms. Malheur à ceux qui voudraient se passer de leur concours ! Car nous savons de bonne source qu'ils trouveraient en Pologne une jeunesse mise en défiance et un peuple indifférent, sinon hostile.

C'est là le premier point.

Le second point est plus grave peut être et plus difficile à résoudre ; mais si l'on est disposé à entrer dans la voie des grandes mesures, il ne faut pas reculer devant leur complète et entière exécution. Nous disons donc que le mouvement polonais ne peut pas se produire isolément, et qu'il doit être secondé par le mouvement hongrois, sous peine de périr à sa naissance, et de n'amener qu'une inutile effusion de sang et un héroïque désastre.

Nous nous expliquons.

La faute commise par l'empereur, en ce qui concerne l'abandon des principautés, est extrêmement difficile à réparer ; elle pèsera lourdement et longtemps encore sur la guerre, aussi bien en Crimée qu'au Danube. Or, pour lutter contre la situation très-défavorable que nous a faite l'occupation autrichienne des principautés, il faut mettre à exécution un vaste système d'opérations à la fois insurrectionnelles et militaires, ayant leur double point de départ sur le Niémen et sur le Pô, et leur base générale à Galatz, au confluent du Pruth et du Danube.

Nous nous bornons à indiquer d'un mot le point de départ italien ; nous nous abstiendrons de tout développement à cet égard. Nous n'apprendrions d'ailleurs rien à personne. Ajoutons toutefois que, sur cette partie du théâtre de la guerre, Venise et Trieste sont deux positions maritimes d'une extrême importance et qu'il est indispensable d'occuper.

Le double centre de ce vaste plan insurrectionnel est Varsovie pour la Pologne, Debreczin pour la Hongrie. Cracovie doit relier les deux capitales et leur servir de communication.

Nous nous abstiendrons d'entrer dans des détails politiques et stratégiques, que bientôt d'autres que nous exposeront avec l'autorité de l'expérience et la connaissance intime des éléments sur lesquels il faut s'appuyer. Nous leur laissons cette tâche, qui leur est familière, et dont ils sauront, — c'est notre espoir et notre confiance, — s'acquitter avec fruit.

Ainsi, au nord, une fois les esprits préparés et l'émotion provoquée au sein des populations, il faut agir le long du Niémen, sur Marianopol et Vilna, en pleine Lithuanie. Le jour où l'idée du rétablissement de la Pologne sera mise à exécution, où ce but final fera partie du programme de la politique occidentale, non seulement il se produira un trouble général et fécond parmi les peuples conquis et annexés par la race moscovite ; mais les États scandinaves posséderont la garantie efficace qu'ils ont toujours réclamée, et le point d'appui continental qui leur est nécessaire pour se déterminer à frapper leur redoutable voisin. La politique occidentale trouvera à son service 60,000 Suédo-Norwégiens et Danois, pour concourir à l'affaiblissement de la Russie par l'affranchissement de la Pologne. Le noyau de cette armée sera formé de 40,000 soldats français, auxquels se joindront 10,000 Anglais, avec la légion polonaise et les légions étrangères d'Helgoland et de Besançon.

Au sud, c'est aux troupes anglo-françaises, victorieuses en Crimée et maîtresses de Sébastopol, qu'on empruntera le noyau aguerri de l'armée qui doit avoir sa base au confluent du Pruth et du Danube. Le corps d'armée autrichien des principautés n'est que suffisant pour contenir les deux provinces, prêtes à l'insurrection et auxquelles on vient d'être obligé, pour cette raison, d'imposer la loi martiale. Le corps d'armée autrichien de Hongrie sera suffisamment occupé entre la Theiss, le Maros et le Danube ; d'ailleurs, il sera considérablement diminué par la nécessité de couvrir Vienne contre la menace partie de Venise et de Trieste. D'un autre côté, l'armée russe de Bessarabie est réduite aux réserves des corps actuellement en Crimée ; il n'y a pas plus de 12,000 hommes sur le Bas-Danube, sous le commandement du général Ouschakoff ; et les troupes que commande le général d'infanterie Luders, de Kischenew jusqu'à Odessa, ne dépassent pas le chiffre de 35,000 hommes, qui auront pour tâche de garder Odessa contre les flottes, et de veiller sur Nicolaïew, Kherson et Pérékop.

Dans cette situation, l'armée des alliés, renforcée des légions hongroise et polonaise et d'un corps ottoman, s'avance le long du Pruth, livre bataille et occupe Iassy. Ce jour-là, l'adversaire le plus redou-

table de l'Autriche et de la Russie, la révolution, est
en Hongrie et en Pologne. Elle n'y est pas à l'état
d'isolement et de défense, disputant pied à pied le
terrain ; elle s'y propage, en s'appuyant sur une armée régulière, qui se trouve en communication avec
elle, et qui lui permet de prendre l'offensive sur
tous les points à la fois. C'est une crise redoutable
pour les deux empires, une crise qui occupera toutes
leurs forces, et qui laissera la France libre d'agir à
l'ouest avec une incontestable supériorité.

Vous en parlez bien à votre aise, du fond de votre
cabinet, nous dira-t-on. A l'époque où a paru notre
premier travail, nous déplorions amèrement l'abandon des principautés, véritable théâtre de la guerre
en Orient ; les mêmes objections nous ont été faites.
Les hommes d'Etat d'Angleterre et leurs organes
principaux nous raillaient ; le *Times* nous disait
avec sa coupable et béate confiance, que nous voulions une guerre révolutionnaire, qu'elle ressortait
forcément de nos données ; qu'elle était implicitement
renfermée dans l'attitude comminatoire que nous
voulions donner aux troupes occidentales sur le Bas-
Danube. On est singulièrement revenu de cet opti-
misme funeste qui prétendait circonscrire la guerre
sur un point choisi, sur un rocher de la Tauride, et
vaincre la Russie en jouant à des passes d'armes
comme celles de Balaclava. On n'hésite pas aujour-
d'hui à invoquer la Hongrie et la Pologne, à mur-
murer même le nom de l'Italie. On s'aperçoit qu'on
sera forcé d'en venir aux grandes mesures, de recourir aux grands moyens. Seulement on s'en aperçoit

un an trop tard, après trois milliards et deux cent mille hommes jetés dans le gouffre de la Crimée.

Toutefois, nous ne répondons pas que nous ne serons pas encore une fois raillés agréablement par les humoristes du *Times*, et peut-être même par ceux du *Morning-Post*. Les grands généraux des feuilles londonnaises critiqueront certainement notre système; mais en 1856, après quelque nouveau désastre, il sera adopté.

Il existe une autre objection, plus sérieuse: c'est la question de Crimée, qui n'est pas encore résolue. Cette solution doit-elle suivre ou précéder l'exécution du vaste plan insurrectionnel et militaire que nous venons d'indiquer? En nous abstenant d'entrer dans les détails, évidemment, elle doit la précéder; l'expédition de Crimée, en dépit des fautes de son origine, doit être terminée, Sébastopol pris et la question radicalement résolue, au moment où les puissances occidentales agiront sur le Niémen, le Pô et le Pruth.

C'est à cette fin que nous posons en principe la nécessité du voyage de l'empereur en Orient; dirigeant en personne la campagne contre l'armée russe de secours, et prenant ensuite la forteresse qui nous brave depuis huit mois.

X.

Le véritable plan de campagne.

Les observations diplomatiques mises à l'écart, les obstacles tirés des relations de la France disparus, on pourrait faire valoir, contre le projet de voyage impérial, des raisons tirées de la politique intérieure et de la situation générale du pays.

Ces raisons sont connues ; elles n'ont qu'une valeur très-médiocre en présence du sentiment populaire qui accueillerait la résolution impériale et l'accompagnerait dans son utile pérégrination. A côté du sentiment populaire, il y a le sentiment de l'armée, dont il faut tenir le plus grand compte. Les soldats acclameraient l'empereur à son débarquement ; ils salueraient avec enthousiasme son arrivée au milieu d'eux, et ils puiseraient un nouveau courage dans sa présence sur le champ de bataille. Noblesse oblige. Le neveu de l'empereur Napoléon Ier a des devoirs antérieurs et supérieurs aux mesquines considérations qu'un entourage effaré et une diplomatie perfide ont fait valoir il y a quelques mois. Alors il existait de puissants motifs pour que l'empereur ne se déplaçât point ; il existe aujourd'hui des motifs non moins puissants pour qu'il revienne à son idée première et la réalise.

Le calme règne dans le pays ; la prospérité s'y développe ; les partis sont impuissants. Sous ce rapport, rien ne s'oppose au départ de l'empereur.

La nécessité de ce départ, dont nous avons fait

une sorte de principe, ne peut être méconnue ou contestée en ce moment que par la peur ou la trahison. C'est ainsi que l'abstention de l'empereur serait interprétée au sein de l'armée et du peuple.

Il faut dire maintenant pourquoi le voyage de l'empereur est nécessaire, et quels en seraient les inappréciables résultats.

Le second bombardement de Sébastopol a commencé le 9 avril, et a duré à peu près dix-sept jours pleins. Le feu a été bien dirigé; les officiers des armes spéciales se sont admirablement comportés; les soldats ont fait preuve d'une patience et d'une bravoure indomptables. Quatre ou cinq cents pièces d'artillerie ont porté la mort et la ruine au milieu des Russes et de leurs ouvrages. Cependant, le résultat final n'a point répondu à l'attente; ou plutôt, soyons francs, le résultat a été négatif; et, sauf des embuscades enlevées et un certain espace de terrain gagné sur l'ennemi, la ligne des ouvrages extérieurs n'a pas été sérieusement entamée. A l'extrême droite de la ligne d'attaque, nous apercevons les redoutes de Kamschotka, de Wolhynie et de Selenginsk à peu près intactes, couvrant la baie du Carénage et protégeant les schooners russes de la baie de Tchernaïa. En appuyant à gauche, nous rencontrons le Mamelon Vert, dominant les deux ravins qui vont mourir à droite et à gauche de la tour Malakoff. Cette dernière fortification a beaucoup souffert, mais elle est restée inabordable, et le bastion Korniloff, un des ouvrages avancés de cette position, est aujourd'hui dans le même état qu'avant l'ouverture de notre feu. Plus à gauche et de l'autre côté du ravin qui le sépare de Malakoff, nous trouvons le bastion du Rédan, dont l'artillerie anglaise n'a pas même fait ébouler les terrassements ; ce bastion est flanqué sur sa gauche de batteries, remises parfaitement en état à cette heure.

Nous arrivons au ravin qui fait suite à la baie Militaire, et qui sépare les lignes anglaises des lignes françaises. C'est ici que commence la gauche de l'attaque exclusivement occupée par nos troupes. On sait les dégâts que notre artillerie a causés à la tour du Mât, énorme ouvrage perfectionné par les Russes depuis l'ouverture du siége, et dont dépend de ce côté le sort de Sébastopol. Mais on sait aussi que dès le 28 avril, malgré les éboulements produits par notre artillerie, de nouvelles embrasures étaient pratiquées par l'ennemi et de nouvelles pièces mises en batterie. C'est sur ce point que notre succès a été le plus sérieux ; la place d'armes des Russes, en avant de la fortification, a été bravement enlevée à la baïonnette par nos soldats dans la nuit du 1er au 2 mai, et nous nous y sommes fortement établis. Mais là s'est borné notre succès, et aujourd'hui le bastion du Mât dirige contre notre quatrième parallèle un feu aussi nourri que le 9 avril. Plus à gauche, les Russes ont évacué leurs logements extérieurs et ont ouvert des fossés devant leurs ouvrages. La Quarantaine est une des positions qui ont le moins souffert ; elle termine la ligne d'attaque, et son feu n'a pas diminué. D'ailleurs, cette position est très-difficile, pour ne pas dire impossible, à occuper ; le fort Constantin, sur l'autre rivage, la foudroie, ainsi que l'une des faces du fort Alexandre.

Il résulte de ce rapide coup-d'œil jeté sur les résultats d'un bombardement de 17 jours, exécuté par près de 500 pièces d'artillerie, que la ligne de défense des Russes n'est point entamée et que notre second bombardement a échoué.

Acceptons cet échec, que des faits d'armes partiels, pleins d'héroïsme, ne permettent pas à l'ennemi de considérer comme un avantage pour lui. Avouons notre erreur; confessons notre faute, et réparons-la. Il ne s'agit pas en ce moment de revenir sur des critiques d'un effet retentissant; la part de l'empereur est faite, ainsi que celle de ses généraux; leur œuvre est jugée, et nous avons cru, dans la première partie de cette brochure, qu'il était utile d'établir la responsabilité de chacun, et de confirmer ce qui avait été dit ailleurs. Il s'agit maintenant de tirer le meilleur parti possible de la situation qui nous est faite, et de faire sortir de l'excès du mal, peut-être l'excès du bien.

Nous ne donnons pas le conseil inopportun d'abandonner le siége de Sébastopol; notre intention n'est pas de flatter des passions haineuses et de réjouir nos ennemis; mais nous conseillons à l'empereur de suspendre les opérations du siége, et de revenir sur la conception, évidemment vicieuse, qui a présidé à l'expédition de Crimée.

Au lieu de faire un siége, il faut faire une campagne; le temps presse, la saison est favorable; la prudence commande qu'on se mette immédiatement à l'œuvre.

Qu'on le remarque bien dès l'abord : nous ne disons pas qu'il faut lever le siége, rembarquer notre matériel et nos troupes, abandonner Kamiesh et Balaclava. L'exécution de notre plan n'exige pas tous ces sacrifices, onéreux pour l'honneur et le trésor de la France et de l'Angleterre.

Nous disons qu'il faut cesser notre feu inefficace contre les défenses de Sébastopol, laisser à la garde du camp et des positions conquises cinquante mille hommes, c'est-à-dire l'équivalent de l'armée renfermée dans la place, et inaugurer tout un système d'opérations contre les forces réelles disséminées dans la Péninsule.

Le premier plan, celui qu'avait *subsidiairement* recommandé l'empereur, consiste dans une descente à Caffa, suivie d'une marche sur le centre de la province. Nous répétons ici que ce plan ne supporte pas une minute d'examen ; que rien ne le recommande, et que tout le condamne. La route est trop longue, et la base d'opérations trop éloignée de l'objectif.

Le second plan consiste dans une attaque générale des lignes reçues de la Tchernaïa, en transformant du soir au matin notre armée de siége en armée de campagne, et en faisant faire en quelques heures demi-tour à droite. Ce plan est peut-être celui que s'apprête à exécuter le général Pélissier, d'après les ordres de l'empereur ; quelles en sont les chances?

Pendant que le corps d'observation du général Liprandi, qui, sans doute, n'acceptera pas un combat sérieux, occupe les hauteurs de la Tchernaïa, on trouve au nord de la baie à laquelle ce fleuve donne son nom, une ligne de redoutes, qui se prolonge à l'ouest jusqu'à la citadelle ou fort du Nord, et à l'est jusqu'aux montagnes boisées et inaccessibles qui occupent l'espace compris entre la Tchernaïa supérieure et le Belbeck. Le gros de l'armée russe est campé derrière ces fortifications, et étend ses quartiers jusque sur le Belbeck, en s'appuyant au nord-est sur Baktchi-Séraï, où le prince Gortschakoff a son quartier-général. En avant de Baktchi-Séraï campe la cavalerie régulière, dans la plaine qu'arrose la Katcha, de l'un et l'autre côté de la route qui conduit de la vieille capitale tatare jusqu'à Sébastopol. Cette cavalerie, en ralliant tous ses détachements, compte 18,000 chevaux; il ne s'agit pas des cosaques. Toutes les forces russes disséminées dans cet espace s'élèvent à 140,000 hommes, et peuvent opérer, en moins de huit heures, un mouvement concentrique, appuyant l'aile droite sur Inkermann, l'aile gauche sur les montagnes entre le Belbeck et la Tchernaïa supérieure, et occupant, avec le centre, les fortifications de Makenzie, la clé de la position. Pour attaquer de pareilles positions, une armée devrait compter 200,000 hommes, et pour les enlever, en sacrifier le quart.

Si le général Pélissier tente cette aventure, il s'expose, à coup sûr, à perdre ses meilleures troupes, et il court éventuellement le risque d'un désastre.

L'armée russe n'est point attaquable sur ce front qu'elle a fortifié avec un soin particulier et avec la patience qui est une de ses vertus.

Il reste un troisième plan, et c'est celui-ci qui,

selon nous, devrait être suivi et exécuté par l'empereur en personne.

Nous laissons tout notre matériel devant Sébastopol, sous la garde de 50,000 hommes d'élite, dans
l'attitude de la défensive. Il reste 60,000 hommes
disponibles, auxquels nous adjoignons les 20,000
Français du camp de Maslack, les 15,000 Piémontais
fraîchement débarqués, les 10,000 Egyptiens du
nouveau contingent, et tous les renforts qui arrivent
journellement de France et d'Angleterre. Nous dis-
posons de toute la cavalerie qui se trouve en Orient,
et en huit jours, grâce aux vapeurs de la flotte, nous
débarquons toutes ces forces sur la plage d'Eupatoria. Ces troupes réunies à celles d'Omer-Pacha
forment une armée de 150 mille hommes, dont dix
mille, à peu près, de cavalerie.

L'empereur arrive après le débarquement opéré,
et tandis que le général Pélissier maintient, par une
défensive de huit jours, la garnison de Sébastopol,
l'empereur, s'appuyant sur des généraux de la valeur
d'Omer-Pacha, de Bosquet et de La Marmora, quitte
la plage d'Eupatoria, prend la route de Sack, entre
la mer et le grand lac de Gniloie, et débouche en
plaine à la tête d'une magnifique armée, par les deux
chemins, très-praticables dans la belle saison, qui
conduisent au centre de la province jusqu'à Simféropol.

Il est impossible au prince Gortschakoff, voyant
le péril qui le menace, de ne point concentrer ses
forces en avant de Simféropol, capitale de la province, et de n'y point rassembler 100,000 hommes,

au détriment des lignes de la Tchernaïa, de celles du Belbeck et du camp de Tchourgoun. Le général Pélissier est donc en réalité parfaitement tranquille dans son camp.

Le prince Gortschakoff rappelle et concentre tous les corps disponibles, après avoir assuré la défense de Sébastopol, des forts du Nord, de l'isthme de Pérékop ; et nous lui faisons une belle part en portant l'effectif réel de ce corps à 100,000 hommes, dont 20,000 de cavalerie. Augmentons même cet effectif de 20,000 hommes, et nous avons encore affaire à une armée de beaucoup inférieure en nombre, en tactique, et en qualités individuelles.

Pour notre part, nous n'avons jamais douté que l'armée russe, dans ces conditions, ne fût complétement battue et dispersée, et la Crimée rapidement conquise.

Ah ! Sire, quelle gloire pour la France et pour vous ! quel enthousiasme à Paris et à Londres ! quelle acclamation dans toute l'Europe ! quel magnifique baptême pour le second Empire !

Voilà le plan qu'il faut exécuter, Sire, exécuter vous-même, de vos propres mains, avec votre propre inspiration.

L'armée russe battue, vous détachez sur Pérékop deux divisions qui se fortifient entre les lacs en-deçà de l'isthme et le golfe de Karkinite ; vous faites occuper par deux autres détachements Caffa et Arabat, ce dernier point très-important à cause de la grande chaussée qui s'allonge entre la mer d'Azoff et la mer Putride ; puis, vous franchissez l'Alma, la

Katcha, le Belbeck, et vous arrivez sur le nord de Sébastopol à la tête de 100,000 hommes.

La place est coupée de toute communication par terre et par mer.

Elle est investie de toutes parts ; car les deux corps d'armée se donnent la main du nord au sud par Inkermann, et assimilent leurs opérations.

Dans ces conditions, Sébastopol, malgré l'héroïsme de ses défenseurs, ne fera pas une longue résistance.

Vous pourrez, au bout de quelque temps, revenir à Paris, et des Tuileries vous diriger à Notre-Dame.

XI.

L'exécution révolutionnaire.

Ce ne sont ni l'empereur, ni la France, ni l'Angleterre, qui diront que nous avons trop présumé de la bravoure occidentale, en affirmant qu'une armée de 150,000 hommes, commandée par Napoléon, composée des soldats d'élite des quatre nations alliées, France, Angleterre, Turquie, Sardaigne, battrait en plaine l'armée russe, la disperserait, bloquerait l'isthme de Pérékop, occuperait Arabat et Caffa, et investirait, à la suite d'une grande victoire, Sébastopol par le nord. Personne ne nous démentira, personne ne nous contestera ce résultat infaillible.

Le 15 août, cette campagne peut être terminée, et à la fin du même mois Sébastopol doit être rendu.

On nous demandera pourquoi nous insistons si vivement sur la nécessité de la présence de l'empereur à la tête de l'armée d'opérations. Nous avons déjà indiqué les raisons générales de notre opinion. Nous ajouterons au besoin, que, dans notre pensée, le jeune Empire a besoin de se retremper dans une victoire. Qu'on ne l'oublie pas : en dépit de la belle devise de Bordeaux, *l'Empire c'est la paix !* nous croyons, nous, que l'Empire, c'est la guerre, la tradition militaire de la France, sa formule d'initiation, et son mode d'influence. L'Empire, c'est tôt ou tard la révision fondamentale des traités de Vienne, le remaniement de la carte de l'Europe, et, disons le mot, c'est pour la France la revanche de Waterloo.

Si ce sont là le véritable caractère de l'Empire et sa véritable mission ; si toute autre théorie n'est qu'une corruption du régime impérial, ayant son origine dans le détritus d'hommes et d'idées que nous ont légué, comme une fatale succession, les gouvernements de la Restauration et de Juillet, il importe que l'Empire ne débute pas dans le monde par des échecs sur le champ de bataille, et par une humiliation dans les conseils de l'Europe. Nous ne voulons pas d'une paix qui nous serait imposée par l'impuissance. Or, l'incarnation de l'Empire, c'est l'Empereur, et c'est pourquoi, dans un moment où l'on se réjouit au dehors, où l'on se livre à d'amères critiques au dedans, nous demandons que l'empereur se rende en Orient, et fasse lui-même la conquête de la Crimée.

Nous n'avons pas d'arrière-pensée, et nous ne tendons pas un piège. Nous disons des choses qui frapperont par leur simplicité tous les esprits sensés et pratiques.

La Crimée conquise et Sébastopol enlevé, la mission de l'empereur est terminée. Il pourra alors céder, sans préjudice pour son nom et pour son œuvre, aux douces pressions ou aux exigences impérieuses qui veulent prématurément l'entraîner à Biarritz. Notre langage est assez clair pour être compris dans l'entourage intime des Tuileries.

L'empereur parti, c'est aux généraux français, vainqueurs de la Russie, à donner suite aux projets dont dépendent le sort de l'Europe et la pacification définitive. Alors commence, dans des conditions extrêmement avantageuses, l'exécution du plan insurrectionnel et militaire dont nous avons parlé plus haut, et pour lequel tout a été préparé pendant les deux mois de la campagne de Crimée.

L'armée ottomane reste en Crimée pour la garde de cette province, violemment enlevée à la Turquie par les czars, et les troupes victorieuses des alliés se dirigent sur le Bas-Danube, en prenant le confluent du Pruth et du Danube pour base d'opérations. Leur flanc droit est couvert par le Pruth, leur flanc gauche par le Sereth ; elles opèrent entre ces deux rivières, dont elles remontent le cours, et occupent la partie la plus importante de la Moldavie, y compris Iassy, où elles construisent un vaste camp fortifié.

Elles sont à quelques lieues de la Hongrie et de la Gallicie, où elles se font précéder des noms populaires chers à ces provinces. La révolution gagne de proche en proche, et s'étend du Maros au Niémen, dans des proportions formidables.

Qu'on remarque bien que nous réservons toujours l'action occidentale, celle qui doit s'étendre du lac de Constance à la tête de l'Adriatique. L'empereur est bon juge de l'opportunité de cette action et de son étendue. Elle dépend aussi de la résolution qu'il prendra définitivement au milieu de ces graves complications.

XII.

C'est pour la seconde fois que nous prenons la parole dans des circonstances solennelles. Nous avons usé avec mesure de notre droit. Nous avons tempéré l'amertume de nos premières critiques, à la vue des symptômes qui se sont manifestés depuis deux mois.

Notre but a été d'abord de relever sans détour les erreurs commises, les fautes consommées, et ensuite d'indiquer les moyens de les réparer. Puissions-nous avoir réussi à porter la conviction et l'ardeur qui nous anime dans l'esprit de ceux qui sont le plus intéressés à une grande et fructueuse solution du conflit ! Qu'ils n'oublient pas l'origine de la lutte, sa cause primordiale, ce désir lointain et latent de frapper, au moyen d'une coalition lentement formée, l'empire et la France. Il faut avoir sans cesse cet objet présent à la pensée, si l'on ne veut s'égarer dans les détails de l'exécution. Le point de départ a été formulé en ces termes par l'empereur Nicolas : « J'aurai vis-à-vis de l'Empire, qui est une infraction aux traités de 1815, une attitude dépourvue de bienveillance. » Et l'on pourrait prêter au czar défunt ce complément de sa pensée : « Et quand j'en trouverai l'occasion, je reformerai contre lui la Sainte-Alliance ; les prétextes surgiront d'eux-mêmes. »

Le prétexte a été la question des Lieux Saints. Cette question nous a coûté cher jusqu'à ce jour. Mais, si l'empereur, rachetant des fautes cruelles, se pénètre de son rôle, et la France du péril qui la menace, nous n'aurons pas à regretter nos sacrifices ; mais à nous réjouir, au contraire, de la bonne fortune que la Providence, déjouant les calculs du czar, nous aura fournie.

Paris, 15 *mai* 1855.

POST-SCRIPTUM.

Des événements importants se sont accomplis depuis le 15 mai, date à laquelle s'arrête notre travail. Nous savions depuis quelques jours que le général Pélissier avait été choisi pour remplacer le général Canrobert, et nous comptions sur son initiative et son audace pour mettre à exécution les plans que nous avons sommairement indiqués. Les évènements de ces derniers jours prouvent qu'il entre dans la pensée du général de n'exécuter ces plans qu'en partie. Nous pouvons considérer comme acquise l'occupation de Kertsh, Caffa, Yénikalé, Arabat et Haroë-Crim. De ce côté, les communications des Russes sont coupées. Mais nous ne pouvons donner notre approbation à l'attaque de front dirigée contre les lignes russes sur la rive droite de la Tchernaïa; cette attaque entraînera des pertes incalculables; on peut s'en faire une idée par le chiffre des hommes mis hors de combat, à l'attaque des 22, 23 et 24 mai, sur les logements russes improvisés entre la baie de la Quarantaine et le bastion Central: ce chiffre est de 5,600 hommes; il accuse de la part du général Pélissier un extrême dédain de la vie des soldats et une grave insouciance de l'effusion du sang. C'est un défaut à la guerre, surtout quand la guerre est lointaine et exige pour le transport des hommes d'immenses sacrifices. Sous prétexte d'être hardi et de pousser aux résultats décisifs, il ne faut pas faire l'office de bourreau.

Nous disons donc que l'attaque par la Tchernaïa présente de grands inconvénients; qu'elle comporte à la fois les chances d'un insuccès, et nécessite des sacrifices douloureux. En cas de réussite, la place peut succomber; mais la province n'est point conquise, la place perdue pour les Russes, et Pérékop fortement menacé.

A un autre point de vue, que feront les puissances occidentales, en les plaçant même dans la position la plus favorable? Qu'elles s'y attendent ou non, elles s'engagent, par la prise de Sébastopol, dans une guerre de dix ans, dans des dépenses d'hommes et d'argent qu'il est impossible de calculer. Continueront-elles à tolérer la neutralité de l'Autriche, nous voulons-dire sa complicité avec la Russie? ou feront-elles la guerre que nous avons indiquée sur le Niémen et le Pruth? Il y a à cette heure une lassitude profonde dans l'esprit de l'empereur, et des tiraillements pénibles au sein du gouvernement anglais. Les moyens énergiques leur répugnent, et ils se confient un peu trop dans la destinée, qui cependant, depuis le début de cette guerre, leur a infligé de terribles leçons. Nous ne voulons pas anticiper sur les résolutions que sauront prendre, à l'heure du danger, deux grands pays comme la France et l'Angleterre. Mais le danger s'approche, il s'étend, il se développe, et les gouvernements ne font rien de ce qui est nécessaire pour le conjurer.

Paris, 28 *mai* 1855.

Londres. — Imprimerie de la Société Démocratique Polonaise.